中外巨人传

金圣叹

杨涛涛　著

辽海出版社

图书在版编目（CIP）数据

金圣叹 / 杨涛涛 著. —沈阳：辽海出版社，2014.8
ISBN 978-7-5451-3151-2

Ⅰ．①金⋯ Ⅱ．①杨⋯ Ⅲ．①金圣叹（1608～1661）—传记
Ⅳ．①K825.6

中国版本图书馆 CIP 数据核字（2014）第 167068 号

责任编辑：柳海松
责任校对：顾 季
装帧设计：马寄萍

出 版 者：辽海出版社
　　地　　址：沈阳市和平区十一纬路 25 号
　　邮　　编：110003
　　电　　话：024-23284473
　　E-mail:dyh550912@163.com
印 刷 者：天津海德伟业印务有限公司
发 行 者：辽海出版社

幅面尺寸：165mm×230mm
印　　张：12.5
字　　数：121 千字

出版时间：2016 年 5 月第 1 版
印刷时间：2019 年 1 月第 2 次印刷
定　　价：29.80 元

·目　录·

前　　言

近年来，无论是在文学理论界还是史学界，有关于金圣叹其人其业研究的学者可谓越来越多了，当然他们的研究角度和研究视角也越来越新颖和精细了。而且从现有的关于金圣叹研究的文史资料和研究成果来看，金圣叹在学界也显得越来越"可爱"了，大有发展成为类似"红学"的"金学"研究之态势，这也在很大程度上就进一步导致了文学界和史学界更多学者对于金圣叹研究工作的介入和涉足，可谓蜂拥而至，热闹非凡。更有甚者，在某些地方乃至成立了一些专门性的研究机构，直接端起了"金圣叹研究"这个饭碗。当学术界再次掀起"金圣叹研究热"的时候，我们看到这位在历史上曾经遭受过很多非议和诟病的文学家和思想家又开始逐渐进入人们研究的视野而且越来越被重视之时，此情此景着实令人感到由衷的欣慰！可是，当我们仔细研究这些有关金圣叹其人其业的研究成果和资料时，我们就会很明显地发现，很多学者的研究虽然涉及到了金圣叹文学思想和政治思想等等诸多方面，但是它们之中的绝大部分研究成果和资料均带有明显的时代色彩或者说沾染了某一时代强烈的政治气息，因而就导致了关于金圣叹其人其业在学界研究的很多具有争论性议题，诸多学者各持己见，莫衷一是。与此同时，金圣叹也的的确确在中国明清时代乃至以后的文学史上是一个有着特别自我个性色彩的文人思想家，或许是由于其

为人性情放荡不羁的缘故，抑或是由于其文学思想与传统文化有所背离的缘故，所以很多学者将其称之为"怪胎"。进而也就进一步导致了建国初期乃至改革开放以后我国文学界和史学界对于金圣叹研究的争论愈演愈烈。然而此一时期的争论，因受其时代因素和政治环境的影响，所以关于金圣叹的研究立场和结论可以说是有失公允的，也是值得我们商榷和讨论的。当然，对于学术界所出现的各种各样的研究立场和观点，我们无可厚非。但是有一个值得我们注意的问题便是，在历史上乃至当下关于金圣叹研究的传记性的文字和著作倒不是很多，这也可能是由于研究资料的缺失和匮乏所导致的结果。在这些少有的关于金圣叹研究的传记性文学著作里，我们往往看不到一个完整的金圣叹，包括他完整的人生经历和思想发展过程，我们似乎只能看到金圣叹生平和文学思想的某些片面化的情景。而且，由于之前关于金圣叹其人其业研究资料和研究成果的存在，所以就在当下的学者和读者心目中似乎早已形成了一个所谓的"前观念"或"前结构"——即对于金圣叹其性情乖张和其文学思想"背离传统文化"的某种误解和偏见。在这些著作当中，我们很容易就能够感到这些书籍的作者在其行文之中对于金圣叹的某种"嘲弄性"、"讽刺性"和"挖苦性"的话语叙述语气，其中无疑隐含着一种明显的批判意味，而且对其生平事迹的叙述往往又带有强烈的传奇性色彩和演义的成分。所以，本书站在当下关于金圣叹研究的文献资料和前人的研究成果的基础之上，采用统观全局和重点分析的研究方法，重新整理和归纳了金圣叹研究资料，用极其简单的文字勾勒出了一个相对比较完整和真实的金圣叹，并且针对历史上诸多学者对金圣叹研究所持的各种立场和观点，给予了进一步的整理和评述。

本书从总体上分为五个部分，共计十一万余字。第一部分，根据金圣叹现有诗文著作和年谱等研究资料，相对比较完整地勾勒出了他的生平事

迹，探讨其人生心态，努力做到"知人论世"；第二部分，针对历史上各个时期所出现的关于金圣叹其人其业的争论，本部分进行了专门性的研究和分析，尤其是进行了一番学术方法的讨论，进而表明了笔者的立场和观点，揭露了金圣叹的"真实面目"；第三部分，本部分针对当前学术界所公认的金圣叹"腰斩"《水浒传》一事，进行了一系列的研究和辨析，并尝试采取一种开放性和探讨性的研究方式，讨论了金圣叹"腰斩"《水浒》的原因和历史功过问题；第四部分，纵观金圣叹的文学著作，本部分重点讨论了金圣叹的美学思想，尤其是他关于小说评点的文学思想和观点，对于我们清楚认识我国古典文学批评理论有着重要的帮助；第五部分，在前四章所述内容的基础之上，在此部分主要讨论了金圣叹的文学成就，即金圣叹在中国文学史，尤其是中国文学批评史上的历史地位和影响力，还其一个"公正的"文学史地位，以便充分挖掘金圣叹文学思想当中极为重要的理论资源，切实做到"古为今用"。

　　综上，笔者本着一种"初生牛犊不怕虎"的精神和勇气，在学术界既有文献资料和研究成果的基础上，以一种实事求是、客观、开放和讨论性的研究方法，从金圣叹文学著作的实际出发，对其的生平事迹进行一番较为详尽的勾勒，还原一个接近历史真实的金圣叹形象、对历史上关于其人其业各种观点的辨析、对他"腰斩"《水浒》一事的原因和历史功过问题进行具体的讨论、对他的美学思想尤其是小说戏剧评点理论思想作了一系列的研究和阐释、并且力图客观公正地评价其文学史地位和文学影响力，以求进一步挖掘其文学思想资源，为当下我国文学理论的发展所用。由于笔者知识体系和研究方法尚待进一步完善和提高，加上学识有限，不当之处，恳请方家斧正。

2014 年 3 月

第一章　金圣叹的前世今生

金圣叹，生于明代万历三十六年（1608 年），卒于清顺治十八年（1661 年），享年五十三岁（虚五十四岁）。名采，字若采，又名人瑞，号圣叹，庠姓张，别号唱经子，或称唱经先生，又号大易学人，涅槃学人等，江南苏州府长洲（今苏州吴县）人。对于金圣叹的籍贯，在学界就有几种不同的说法。蔡丐因先生在《清代七百名人传·金人瑞》和《哭庙纪略》中都认为金圣叹是"长洲人"；而廖燕在《金圣叹先生传》中则认为他是"吴县诸生也"；归庄却说"苏州有金圣叹"；吴翌凤在《东斋脞语》中称"金圣叹居甜桥巷"；据乾隆《苏州府志》第三卷记载则有"甜桥巷，兼隶长洲"一说。所以，综合以上信息推断，金圣叹应当是在早年生活于长洲地区，后来迁居到了苏州西城附近的甜桥巷，而该地区在当时应该属于吴县管辖。另外，由于金圣叹后来补吴庠生，故有人就称他为吴县诸生。他是我国明末清初著名的文学家，思想家和文学批评家。他为人性格狂放怪诞，思想当中也带有封建社会后期较为激进的文人思想特点。但是，从总体上来说，金圣叹对封建皇朝还是比较忠诚的，但是同时又对封建统治阶级的黑暗腐败的政治统治是深恶痛绝的。因而，从客观角度上来讲，他的

思想在一定程度上是具有叛逆性色彩的。清顺治十八年，他因历史上著名的"哭庙案"而被杀头，年仅五十三岁。在令无数世人为其不幸的人生遭遇感到万分悲痛和惋惜的同时，他这种不幸的人生结局却也为他自己短暂的人生留下了诸多疑云，至今学界尚未考证辨清。在众多的历史文献资料当中，可以说关于金圣叹的相关记载可谓严重匮乏，少的可怜。然而，关于他本人及其文学思想的研究，流传的更多但不完全可信的文史资料均来自于民间普通老百姓的街谈巷语和奇闻轶事等等。可见，金圣叹的生平事迹还是相对比较简单、模糊的。究其原因，则有着诸多方面的因素。而其中最为主要的原因之一则大概是因为金圣叹在其短短的一生之中始终都没有走上过封建社会的仕途之路，即没有做过封建官吏。试想可知，我国封建时代的读书人，如果没有仕途这样一种人生履历，那么关于他们所记载的可信资料当然就会缺失相当大的一部分了，这也就使得像金圣叹这样优秀的封建时代的读书人，在自己或是荣辱浮沉或是平平淡淡的人生历程上缺少了极其重要历史痕迹。其次，由于其一生几乎没有过多地与当时的社会名流、显赫氏族、乃至朝廷官员之间的交际和往来，而其交友范围也只是仅仅局限于身边那些名不见经传的小人物之间，也就使得他的"交游考"显得极为普通和平淡，以致后世学者无从下手对其进行系统性的研究。然而，金圣叹虽然没有封建社会的仕途经历，但是像他这样一位才华横溢的旷世奇才，理应不该被历史，至少不应该被文学史所遗忘。然而，事实却正是如此，金圣叹的确在我国当下的文学史教材当中，要么在很大程度上都是处于缺席或者隐退的状态，要么就是这些文学史教材的编者对其所言甚少，往往通过简简单单的一两行文字就将其一生的文学功绩

草草划过。我们也只好在为其感到遗憾的同时，面对这样惨痛、无情的文学现实了。纵观三百余年关于金圣叹的研究，我们不难发现，研究金圣叹的资料的确是极其稀少和匮乏的。而且更多的历史学家或者文学研究者对其褒贬不一，各执其说。更有甚者，往往只是抓住金圣叹人生中的一些风趣轶事而大发议论，或者是站在某种特定的阶级立场、政治立场之上，为了其自身或者阶级的利益而对其政治态度和文学著作进行各种各样"非人道主义"的讽刺性批判、挖苦和嘲弄。然而，这些众说纷纭、纷繁复杂、支离破碎的研究，也就更加使得金圣叹原本很短暂的人生显得更加扑朔迷离。在其短短的五十余年的人生历程之中，他却经历了"明清易代"这样一件无论是对中国古代封建社会的发展还是对金圣叹本人的生存而言都有着重大影响力的历史事件。那么，在明清易代的前前后后，金圣叹的真实人生到底是一幅怎样的图景呢？他的人生观是否也会伴随着这次朝代的更迭而发生了巨大的改变呢？

（一）卓异童年，少敏且聪

翻开历史的书页，如果我们要充分了解金圣叹其人的话，那么我们首先就很有必要先来了解金圣叹出生时所处的社会环境——晚明。而在一般情况下，我们把明代从万历年间开始，经天启、崇祯，直到明王朝结束这样一段时期称之为晚明时期。中国的封建社会在风风雨雨之中走过了几千年的历史进程而进入了明代以后，基本上已经耗尽了它之前所有可贵的和值得骄傲的朝气、活力，而不再具有像以前那样广大的胸怀和从容的气度。到了此时的明代，整个封建社会就已经开始比较主动地吸收和接纳

来自国内国外的各种各样的新事物及其所带来的新的挑战。但是从另一方面来讲，它也害怕自身生命的尽早衰老，恐惧各种不同于自己的新事物、新生命的萌生会加快其衰亡的历史脚步。众所周知，明朝的开国皇帝朱元璋恰好就是一个可以用来证明明代社会这种特征的例子，自从他推翻元朝统治而走上皇位之日起，他的内心就暗暗地潜藏着一颗比较自卑的心理。他为人过于敏感，有着太多的忌讳和猜疑，因而在政治统治上比较专制独裁，经常会采取各种各样的镇压方式，小心翼翼地维护着明代这样一个已经开始发生变化的王朝，而且这样的变化似乎也是无法阻挡的，这就是历史发展的巨大洪流。虽然朱元璋可以推翻之前的元朝，但是他却不能够凭借自己的一己之力来改变社会历史发展的规律。到了明代中叶以后，统治者的专制独裁制度变得更加严密，厂卫特务们横行于社会之中，到处监察各级官员和民众，使得满朝文武百官和人民生活的心理压力更加巨大，他们不知某日某时就会因何事而被厂卫特务抓去，继而被砍头。可以说，在当时整个明朝的社会之中，人们大多数都过着一种心惊胆跳的日子，惶惶而不可终日。但是从另一方面来思考，明代统治阶级之所以会采取这样严厉的政治统治措施，就已经说明了他们从主观上意识到了自己对于社会的控制力和统治力越来越差了。的确，明代腐败的政治制度使得它多次的改革都显得无力回天，不得善终，同时却继续给社会造成巨大而深刻的影响。由此可见，此一时期中国的封建社会，其内部结构正在悄无声息地发生着某种新的变化，这是一股无法估量的新的历史力量。伴随着屯田向私有制的转化，封建社会传统的土地占有形式也开始出现了变更，封建经济关系也随之而变得松动。在农村，地主们疯狂地掠夺农民手中的土地，

导致农民的赋税更加沉重，不得不流离失所，农业生产开始走向凋敝。与此相适应的是，明代社会的手工业生产空前提高，商品经济却日益繁盛。丝织、棉布、冶炼等等各种行业开始涌现不已，继而在明代社会上便出现了大量的自由劳动力。于是，资本主义生产方式的萌芽就开始在中国延续了几千年的封建制度的母体中脱胎而产生了。

商品经济的产生和发展，迅速地冲击着整个明代的社会制度和文化格局。首先是市民阶层队伍的逐渐扩大，商人和手工业劳动者的社会地位显著提高了，他们再也不是传统的那种只能处于"士农工商"最末端地位的阶级了，他们现在的社会地位需要人们刮目相看。他们可以凭借自己所拥有的雄厚的财力和物力，来左右市场商品的流通和物价的高低，继而介入政治，对社会生活的各个方面都开始产生影响。接着，广大城镇以及与之联系紧密的乡村，人们的生活方式也开始发生了变化，社会风尚也随之而改变，以前传统的礼制对于人们生活种种森严的限制被打破了。社会结构，生活方式，社会风尚等一系列的变化，必然在很大程度上就会导致明代社会人们道德观念和价值观念的改变。人们的思想再也不像以前那样死死地被禁锢在封建礼教文化的结构之内了，而是产生了各种各样全新的思想，例如对经济利益的追求，喜好异端思想等等。这就是晚明社会最为真实的历史情境，它较之以前几千年的传统封建社会而言，已经发生了巨大的变化，显得光怪陆离。无论我们后人怎样去评价这样一个光怪陆离的社会，或是批评，或是诅咒，它都是最为真实的历史而容不得我们忽视，可以说，在晚明社会里，作为个体的"人"的观念渐渐显得清晰了。如果说晚明是一个光怪陆离而且"好异"的时代，那么在这

个时代里必然就会产生一些我们后世称之为"启蒙思想家"式的人物，他们一个个敢于"标新立异"，打破腐朽的封建制度的藩篱，树立新思想，敢于坚持自我的个性，敢于追求自己心中的梦想，热爱自己，做一个最真实的自己，正如明代被称为"异端"的李贽所言"各遂其生，各获其所愿"一样。一股全新的资本主义思想和个体意识觉醒的启蒙思想之清风开始掠过中华大地。而金圣叹就恰巧是出生在这样一个与以往传统封建社会差之千里而且显得光怪陆离的晚明社会之中。

有关于金圣叹的家庭出身和其出生的具体情况，我们可依据的材料不是很多，而且各种材料所呈现给我们的信息分歧也是相当之大的。在现有的史料当中，金圣叹的生年史料并没有一个明确的记载。在当今学界，一般认为，金圣叹生于明万历三十六年（1608 年），据有关学者细考，认为金圣叹生于明万历三十六年农历三月初三（四月十七日），当然也有部分史学家和文学家怀疑金圣叹是否生于万历三十六年，所以此说仍然众说纷纭，莫衷一是。不过，目前学术界基本上认同金圣叹生于明万历三十六年这一观点。在相关的历史文献资料当中，惟一涉及到金圣叹准确年龄的史料便是清代文学家、戏曲作家稽永仁在《葰秋堂诗》的卷首以《葰秋堂诗序》为题所收录的金圣叹致永仁尺牍。在此篇札记的一开始，金圣叹便说："弟年五十有三矣"，另外由信中所言的"弟自端午之日……力疾先理唐人七律六百余章"，根据这些资料我们大致可以推断出金圣叹的生年。据载，金圣叹于"端午之日"在其三小女的茅草屋之中整理唐人七律这一年的时间应该为清顺治十七年（1660 年）。针对此问题，我们可参见《贯华堂选批唐才子诗序》所言"顺治十七年春二月八之日，儿子雍强欲予粗说唐诗

七言律体。予不能辞，既受其请矣。至夏四月望之日，前后通计所说过诗可得满六百首"等信息。因而，从他的这些序言的记载来分析，我们可以逆推出金圣叹的生年，即以顺治十七年（1660年）为起始点，向前逆推五十三年，即可得金圣叹应该生于明万历三十六年（1608年），由此可见，金圣叹生于1608年是毋庸置疑的。在中国社会里，自古以来人们就有一种爱于创作和附会的心理，他们往往喜欢给那些从小就天资聪颖，或者近乎于天才，也或者生性卓异的人物凭借着自己的想象力而增添一些带有传奇性色彩的"前身故事"，以便令其显得更加具有传奇性和超凡脱俗的气息。显然，金圣叹也就得到了这样一份难得的青睐和厚爱，从而也便获得了诸如许多卓越天才所拥有的那份神秘的荣耀。关于他的"出生和前身"，民间也一直流传着这样一个十分有趣的故事：相传，在金圣叹的母亲怀孕待产的时候，有一天，他的母亲忽然梦见孔子抱着一个小孩，叹一口气就不见了，醒来后立即便生产了，因此便以"圣叹"二字来做这孩子的字。另外，据杨保同《金圣叹轶事》载："俗传三月三日为文昌生日，而圣叹亦于是日生。故人称圣叹为文曲星。……又传圣叹生时，其母梦紫衣人抱小儿置诸其怀，一惊而寤，遂生圣叹，故又谓梦中之紫衣人，为文昌帝君。"因而，金圣叹也就变成了文昌星下凡，但是像这样具有神话色彩的民间传闻，故不可信。无非是后人想为金圣叹这样一位文学旷世奇才的出生增添一种异于常人的传奇性色彩以表明其属于"天才"、"奇人"的行列罢了。但是值得我们注意的是，有些后世学者很可能就是根据这些可信度不是很高的历史文献资料而自认为是极为准确地推测出金圣叹是生于明万历三十六年农历三月初三（即四月十七日）的，这样的推测未免有失根据。

关于金圣叹的祖辈和父辈，目前皆已无所详考。但是他的父亲极有可能也是一位封建社会的读书人，这点可以从他自述自己十岁时曾"窥见大人彻夜吟诵"一语可知。我们目前知道金圣叹应该是有兄弟三人，他排行第二，另外他还有一个妹妹。据《沉吟楼诗选》所记，其有《念舍弟》一诗曰：

> 记得同君八岁时，一双童子好威仪。
> 拈书弄笔三时懒，扑蝶寻虫百事宜。
> 一自爷娘为异物，至今兄弟并差池。
> 前朝略续游仙梦，此后相思知不知？

按照这首诗中所描述的"同君八岁"、"一双童子"之情景来看，金圣叹和他的这位弟弟二人年龄相仿，似乎只能当作我们所熟悉的孪生兄弟来解释。但是因为这首诗歌的题目中含有"舍弟"二字，因此就显得更加耐人寻味了。这里的"舍弟"未必就是我们现在所理解的孪生兄弟，也极有可能是指一个孩子是正房妻子所生，而另外一个则是庶出，也或者两个孩子都是庶出，而并非亲兄弟，只是同父异母罢了，此类情况在我国古代社会也是十分普遍的现象。然而令人感到惋惜的是，在金圣叹的父母去世之后，他们兄弟二人也分而居之，以致其弟后来竟然流落异乡，据金圣叹《忆舍弟》一诗记载：

> 舍弟西风里，流离数口家。
> 近闻栖水泊，托庇在天涯。

在金圣叹大约一周岁的时候，他的祖母曾经赠给他一只玉钩。但是这只玉钩也仅仅是被当作一个儿童小时候的玩具罢了，而并没有什么重大的意义。此事记载于金圣叹后来所写的《第五才子书施耐庵水浒传》第五十六回的评点当中，其曰："吾有一玉钩，其质青黑，制作朴略，天下之弄物，无有更贱于此钩者。自周岁时，吾先王母系吾带上，无日不在带上，犹五官之第六、十指之一枝也。无端渡河坠于中流，至今如缺一官、如隳一指也。"

由这段话中所描述的"天下之弄物，无有更贱于此钩者"一语，我们大致可以猜出当时金圣叹的家境在苏州府也确实是属于一般的家庭，而并不是什么世家大族之类，应该是一个后起之族。据陈去病先生在民国初年的考据，他认为，金圣叹"其先为宋相国安节之后，安节故家休宁之汪金桥，而葬于嘉兴，故子孙多居吴越间"（《五石脂》），此说应当具有一定的可信度，但未可全然深信。

此后，到了明万历四十二年（1614 年），当金圣叹七岁时，他就已经开始"拈书弄笔"，开始接受启蒙教育了，此时的金圣叹便表现出一种异于我们普通人的读书天赋，真可谓是一个天生的"读书种子"。他聪明早慧，曾经一个人站立在一口深井的旁边，手中持着一块瓦片，本来打算将此瓦片扔入井中。但后来转念想到，他一旦将瓦片扔进深井之中，那么它便永远不可能再出井了。经过一番很久的犹豫和思考，于是他便站立在井边开始嚎啕大哭，不能自已。此事记载于其后来所写的《贯华堂选批唐才子诗》李商隐《曲池》的评语中，云："某尝忆七岁时，眼窥深井，手持瓦片，欲竟掷下，则念其永无出理；欲且已之，则又笑便无此事。

既而循环摩挲，久之久之，瞥地投入，归而大哭！此岂宿生亦尝读此诗之故耶？至今思之，尚为惘然！"，金圣叹这种易于感伤的心理机制，似乎就是他与生俱来的一种性情特质一样。儿时的金圣叹就有着一般孩童所不具备的敏感心灵，他小小年纪便已经懂得联系自身的实际生活和人生，与书中人物相结合，从而达到自身与书中人物合二为一，感同身受的境界。与此同时，此时期的金圣叹，也开始了诵读杜甫的部分诗歌。其中有一次，他就因为读到杜甫的五言律诗《送远》一诗而导致自己情绪特别低落，心中抑郁而不痛快。杜甫的这首《送远》描写到：

> 带甲满天地，胡为君远行！
> 亲朋尽一哭，鞍马去孤城。
> 草木岁月晚，关河霜雪清。
> 别离已昨日，因见古人情。

此诗作于公元 759 年，杜甫离开秦州之时。全诗的首句以提问开篇，"带甲"就是指全副武装的战士，"满天地"即遍地皆兵。第二句当中的"君"应当为诗人自指。作者向自己发问：兵荒马乱之际，为何在这样的时刻选择"远行"呢？接下来的"亲朋"二句写自己启程时的情景，亲友同声痛哭，因为正值离乱，不知此后他们还能否重逢。而诗人则无言地跨上了"鞍马"。在这里，我们可以想见杜甫实际上也是含着眼泪，告别孤城秦州，远离亲朋好友而离开的。一边是有声的痛哭，而一边却是无声的抽泣，这种悲凄的情状似乎就呈现在我们读者的眼前。接下来，诗中的"草木"二句便点出了诗人杜甫这次远行的时间和征途的感

受。草木零落，时入岁暮。霜雪飘洒，关河冷清。这是辞别亲友后途中景致。"别离"二句又回忆起了亲朋好友相送的深深情谊。与亲朋之间的"别离"虽"已"成"昨日"，但是由于感念难忘，仿佛就在今天。由此可见，"古人"的殷殷惜别，是有深情厚意的。此句从表面上而言，是在说"古人"，实际上是暗指了今日的世态炎凉和人情的淡薄。杜甫的这首诗歌运用了白描手法将浓浓的离别之情写得可谓入木三分，用浓浓的情谊来衬托尘世的悲凉和离别时的那份无奈、孤寂的心境。对社会当时的衰败景象看的非常透彻，对人情冷漠的无限感慨。用"岁月晚"，"霜雪清"将诗歌的基调定的非常幽静，清雅。同时，凸显了诗人独有那份对生活的热爱和关注。

金圣叹在读到杜甫的此诗时，竟然不知何故，胸前便生出了抑郁不快之感。在其《小题才子书》于顾赟《四饭缺适秦》的解题中，他说道："幼读杜子美'亲朋尽一哭，鞍马去孤城'，不知何故，便胸前十日作恶，是时某才七八龄耳。"可见，金圣叹真是一个心灵敏感而早慧聪颖的孩子。

大约在金圣叹十岁时许，即明万历四十五年（1617年），他开始进入乡塾读书。当然，在中国古代社会，金圣叹也不例外，无论你是天资聪颖禀赋异于常人的天才，还是平凡的普普通通的庸庸之辈，在封建社会都需要从儒家的"四书""五经"开始学起，继而完成自我的启蒙教育。但是金圣叹却感觉这些被世人所公认的儒家经典之作索然无味，没有什么意思，他打心底根本就不喜欢学习这些枯燥的书籍。在其《第五才子书》的序三中，金圣叹如是坦言道："吾年十岁，方入乡塾。随例读《大学》《中庸》《论语》《孟子》等书，意惝如也。每与同塾儿窃作是语：不知习

此将何为者？又窥见大人彻夜吟诵，其意乐甚，殊不知其何所得乐，又不知尽天下书当有几许，其中皆何所言，不雷同耶？如是之事，总未能明于心。"同时，他又在其《第六才子书·酬简》总评中说道："古之人有言曰：《国风》好色而不淫。比者圣叹读之而疑焉，曰：嘻，异哉！好色与淫，相去则又有几何也耶？若以为发乎情、止乎礼，发乎情之谓好色，止乎礼之谓不淫。如是解者，则吾十岁初受《毛诗》，乡塾之师早既言之，吾亦岂未之闻，亦岂闻之而遽忘之？"由此可知，金圣叹在十岁方入乡塾读书时，就不喜欢传统意义上的封建社会的正统的经典书籍，同时他对读书也产生了极大的困惑和不解，如"不知尽天下书当有几许，其中皆何所言，不雷同耶？如是之事，总未能明于心。"等等。但是值得我们注意的是，虽然金圣叹在这里自述其小时候不喜欢读儒家经典且表现出一副极为不愿意学习这些"四书"、"五经"的"离经叛道"的心态和行为，可是到了后来，金圣叹对于学习这些传统文化经典还是下过一番死工夫的。他在《第五才子书》第五十六回回评中如是说道："吾数岁时，在乡塾中临窗诵书，每至薄暮，书完日落，窗光苍然，如是者几年如一日也。吾至今暮窗欲暗，犹疑身在旧塾也。"可见这种夕阳西下时的读书光景，已经悄悄地在金圣叹的心灵深处积淀为一种我们现在所谓的潜意识或者无意识形态了。又如其《释孟子》第四章批语所道："此等文，只为幼时怕先生扑，不免读得烂熟，到今便不觉其奇怪。"

大概也就是在金圣叹十岁时刚入乡塾的第一年里，虽然他在这一段时间内从内心深处是很不喜欢学习这些传统文化经典的，但是金圣叹却恰恰在这里结交了一位"忘年之交"。在其《第五才

子书》第五十六回回评中，金圣叹说道："吾有一苍头，自幼在乡塾，便相随不舍。虽天下之呆，无有更甚于此苍头也者；然天下之爱吾，则无有更过于此苍头者也，而不虞其死也。"从这段话的记载可见，金圣叹在乡塾的这一年时光里，还是充满很多乐趣的。他和这位不知姓谁名谁的老友之间的友谊可谓深厚之至，乃至多年后回忆起来，依旧不能忘怀！

十一岁时，金圣叹终于过上了自己所想要过上的自由读书的生活，当然这也是由于他此时期身体条件不好，健康欠佳的原因所带来的时机，他此时因身体有病而不得不时时告假休学。呆在家中的金圣叹，由于其生性不爱玩耍，性格内向等缘由，他闲来无事便开始翻阅《妙法莲华经》《离骚》《史记》等书籍以作为自己消遣时光的手段和途径。而在这些书籍当中，他尤其喜欢《水浒传》一书，这也为他以后的文学创作和文学批评打下了一个较为坚实的基础。《第五才子书》序三云："明年十一岁，身体时时有小病。病作，辄得告假出塾。吾既不好弄，大人又禁不许弄，仍以书为消息而已。吾最初得见者，是《妙法莲华经》；次之，则见屈子《离骚》；次之，则见太史公《史记》；次之，则见俗本《水浒传》：是皆十一岁病中之创获也。《离骚》苦多生字，好之而不甚解，记其一句两句，吟唱而已。《法华经》《史记》解处为多，然而胆未坚刚，终亦不能常读。其无晨无夜不在怀抱者，吾于《水浒传》可谓无间然矣。"这时，他读到了由施耐庵所写的长篇小说《水浒传》，便爱不释手，一下子就被其深深吸引住了，入了迷，像着了魔似得，竟然达到了"无晨无夜不在怀抱"的地步，可见金圣叹对其喜好程度之深。同时，大概也是在他十一岁之时，金圣叹就已经能够熟读大文豪韩愈、苏轼等人所写的

文章。据《天下才子必读书》贾谊《治安策》总评所载："幼闻人说，韩昌黎如海，苏东坡如潮。便寻二公文章，反复再读，深信海之与潮，果有如此也。"可以说，这一年多时间的广泛涉猎各类文学书籍的经历，不仅为金圣叹的一生打开了文学世界的大门，而且更为重要的是他清楚了自己的人生兴趣之所在，毫不夸张地说，或许正是这一时期的阅读经历，才会引导金圣叹后来毅然决然地走向了"著书立说"，撰写他终生名山事业的"六才子书"以求"立言"的"三不朽"之道路。

十一岁之时，金圣叹的生活也并不是只有这些他自己喜爱的书籍的终日陪伴，对于幼年的他而言，人生最悲痛的事情莫过与失去至亲至爱的亲人，这种不幸的遭遇对年幼的金圣叹那颗幼小的心灵而言，无疑是一次前所未有的沉重的打击。在后来的《第五才子书》第四十八回写顾大嫂为救表弟解珍解宝，吩咐下人请夫兄孙立来家时："只说我病重临危，有几句紧要的话，须是便来，只有一番相见嘱咐。"金圣叹于此处批道："我年虽幼，而眷属凋伤独为至多，骤读此言，不觉泪下。"另据《第五才子书》序三所记，该书乃其十二岁时所评。由"我年虽幼"之句看，至少可以认为当时已经开始批阅《水浒传》了。金圣叹的这种多愁善感，善于体会人世的悲欢离合的心理结构，与其情感经历的丰富性二者之间应该具有很大的联系。

有学者考究认为，在金圣叹幼年时期，他的家境相对封建社会的一般家庭而言还是比较优越的，在一定程度上也可能会拥有少量的田产，家里也有仆人，有丫鬟等。只是大约到了金圣叹十岁左右时，不知何故，也可能是由于其父母不幸早逝等缘由，"眷属调丧，独为至多"，家道开始中落，他的生活也立即变得窘

迫不堪。由此可见，年幼的金圣叹也极有可能就是在十一岁之际便失去其至亲至爱的亲人，成为一个可怜的孤儿的。

此后不久，他又得到一本《西厢记》，便开始对《西厢记》入了迷，着了魔，当他读到其中的《酬韵》一折中"今晚凄凉有四星，他不偢人怎待生，何须眉眼传情，你不言我已省"时，似乎被深深地击中了他的内心。后来他评点这一段文字时的回忆说：

"记得圣叹幼年初读西厢时，见'他不偢人怎待生'之七字，悄然废书而卧者三四日。此真活人于此可死，死人于此可活，悟人于此又迷，迷人于此又悟者也！不知此日圣叹是死是活、是迷是悟，总之悄然卧至三四日，不茶不饭，不言不语，如石沉海，如火灭尽者，皆此七字勾魂摄魄之气力也。先师徐叔良先生见而惊问，圣叹当时恃爱不讳，便直告之，先师不惟不嗔，乃反叹曰：孺子异日真是世间读书种子！此又不知先师是何道理也。"

由此段话语我们可以看到，金圣叹读书，其人敏感而且善于体悟，感情投入可谓极深，以致有时候竟然会达到忘乎所以的地步。而据同书《闹斋》记载："梵王宫殿月轮高"评语："记圣叹幼时，初读《西厢》，惊睹此七字，曾焚香拜伏于地，不敢起立焉。"《酬简》第八节评语尾批："吾幼读《会真记》，至后半改过之文，几欲拔刀而起。不图此却翻成异样奇妙，真乃咄咄怪事。"从这几段话所包含的内容来分析，这些话之中到底有没有包含夸张的成分和因素，我们不得而知。但是从这些话的描

述当中，我们的确看以看到事情的一个基本的发展情况，这位早熟的，天资聪颖的儿童，在乡塾的老师眼里，也确实是一个真正的"读书种子"。在后来金圣叹的诸多文学评点当中，他多次使用到"读书种子"一语，似乎也包含着几分自我欣赏的因素在其中，当然包含的更多的应该是此时期金圣叹的乡塾老师对其才能的认可和读书学习的鼓励。与此同时，我们也可以看出年幼的金圣叹确实天生就有着一副情肠，天生就拥有一种性情，能与那些优秀的文学作品发生强烈的共鸣，从而获得一些创造性的理解的效果。他后来倾其半生精力评点《水浒传》和《西厢记》，其起因可能就在于少年时所积累的这种深刻的审美体验和情感经验。

明万历四十七年（1619 年）金圣叹十二岁时，他已经开始立志要钻研文学的创作法则和规律了。据《读第六才子书西厢记法》所载："仆幼年最恨'鸳鸯绣出从君看，不把金针度与君'之二句，谓此必是贫汉自称王夷甫，口不道'阿堵物'，计耳。若果知得金针，何妨与我略度？"《鱼庭闻贯·与任升之》："弟自幼最苦冬烘先生辈相传'诗妙处正在可解不可解之间'之一语。弟亲见世间英绝奇伟大人先生，皆未尝作此语；而彼第二第三随世碌碌、无所短长之人，即又口中不免往往道之。无他，彼固有所甚便于此一语，盖其所自操者至约，而其规避于他人者乃至无穷也。"《小题才子书》金声《天下之无道也久矣》解题曰"从来云：'任看鸳鸯，金针不度。'吾今偏欲只度金针，不看鸳鸯。何则？子弟但得金针入手，便自能绣遍天下鸳鸯去也。"《唱经堂杜诗解》卷三《韦讽录事宅观曹将军画马图引》评语："先生既绣出鸳鸯，圣叹又金针尽度。寄语后人，善须学去矣！"。在这里，"鸳鸯"

两句，出自金代元好问《论诗》诗之三，原句为"鸳鸯绣了从教看，莫把金针度与人"。而后则以"金针度人"来比喻将诗文创作的秘法诀窍传授与人。王夷甫即西晋王衍，官至太尉，家富资财，贷不求偿。其不言"阿堵"，此典当出自《世说新语·规箴》："王夷甫雅尚玄远，常嫉其妇贪浊，口未尝言'钱'字。妇欲试之，令婢以钱绕床，不得行。夷甫晨起，见钱阂行，呼婢曰：'举却阿堵物！'"因而，金圣叹借用此典，来讽刺那些将不把金针度与人而时常挂在嘴上的人们，他们其实是腹中无物，口中仅有一番托词而已。可见此时期的金圣叹在初学诗文之时，便非常不满文学评论中所出现的故弄玄虚的现象和行为，而有志于"金针度人"了。

也正是在这个时期，金圣叹得到了贯华堂所藏本的《水浒传》，并开始尝试批阅。其《第五才子书》序三云："吾既喜读《水浒》，十二岁便得贯华堂所藏古本，吾日夜手抄，谬自评释，历四五六七八月，而其事方竣，即今此本是已。"然而，值得我们思考和注意的问题是，所谓金圣叹在十二岁时就开始批《水浒传》，而且"历四五六七八月"而毕其功之说，我们不可尽信其事。因此徐朔方先生在《金圣叹年谱》中认为"圣叹每喜大言欺世，不足一辩"。从金圣叹后世诸多的文学批评文献记载分析，我们暂且不说他批评的具体思想、感情、口吻、文笔大多并不是少年所能有，而且有在书中很多地方的批评话语和方法应当是出自成年人之手。另外，《水浒传》第六十一回写卢俊义从梁山泊返京，其仆燕青向他诉说家中种种变故，金圣叹于此处批道："读此语时，正值寒冬深更，灯昏酒尽，无可如何。因拍桌起立，浩叹一声，开门视天，云黑如盘也。"此句中的"寒冬"

二字，至少应该在十一月之时，已经远离"四五六七八月"了。
因此可认为，金圣叹之前所说的自己自十二岁已开始评点《水
浒传》，至崇祯十三年左右三十三岁时方最后完稿一事，加上从
后来其子金雍十岁时，圣叹即教读《水浒传》一说，也可以间接
证明金圣叹在其十二岁时开始批点《水浒》也不是完全不可能
的事情。

　　明泰昌元年（1620）金圣叹十三岁，此际他已开始学习科举
范文。他在《小题才子书》于周延儒《微服而过宋》解题中说道：
"吾十来岁便读此文。"于张溥《伯夷》解题曰："盖圣叹幼时读
先生文，如是相之。"于陈际泰《孔子有见行可之仕》解题曰：
"圣叹幼时读之，殆不下万遍也。"也正是在此际金圣叹因为阅读
欧阳修的文章，乃开始想学习创作古文。《天下才子必读书》欧
阳修《梅圣俞诗集序》总评云："少年偷见此等文字，便思伸手
泚笔，自作古文。"众所周知，唐宋八大家之文，本来可以光明正
大的阅读，而金圣叹为什么在这里偏偏要说"偷见"呢？难道是
这些文章书籍属于集部，而且属于古文而并非当时社会上所认同
和流行的艺术，而为官方和师塾学校所禁止吗？其真正的原因我
们现在无从所知。

　　十五岁左右，金圣叹便开始跟从当时的文学名家王思任学习。
《小题才子书》于万应隆《修其祖庙》解题曰："昔者王遂东先生
谓吾言：'看花宜白祫，踏雪宜艳妆。'吾尔时甫十五岁，便识此
语是古人笔墨秘诀。因持以遍相《左》《策》《史》《汉》等书，
无不大验也。逮于蔚宗《后汉书》以降，则已不能多得，因又入
咨先生。先生笑曰：'小子休矣！尽能是，即不必与子说。'"王
思任，字季重，号遂东、谑庵，浙江山阴人。他是明朝万历二十

三年进士，南明鲁王监国时，他官至礼部侍郎。后来清兵攻破绍兴时，他毅然决然绝食而死。王思任作为一位晚明著名文学家，著有《文饭小品》《王季重十种》等传世，以严拒马士英败走入越的名言"吾越乃报仇雪耻之国，非藏垢纳污之区"而著称。从金圣叹评语中可以看出，在其少年时期，曾多次向遂东先生请教为文写作之道。王思任也在他次年撰写的《批点玉茗堂牡丹亭词叙》中盛赞金圣叹"天下高才"，历数古人有"左丘明、宋玉、蒙庄、司马子长、陶渊明、老杜、大苏、罗贯中、王实甫"等，可能直接启示了金圣叹后来的"六才子书"之说，也未必不是没有可能；张岱《王谑庵先生传》称其"聪明绝世，出言灵巧，与人谐谑，矢口放言，略无忌惮"，由此可见王思任对金圣叹为人处世是有着一定的影响的。大概也就是从金圣叹十五岁左右开始，他便研读杜甫的诗歌了。据金昌《叙第四才子书》记载："唱经在舞象之年，便醉心斯集，因有《沉吟楼借杜诗》。"在这句话里，舞象，即是指学习象舞。象舞也就是武舞，是古代成年孩童所学的一项技艺。《礼记·内则》有言曰："十有三年，学乐，诵诗，舞勺；成童，舞象，学射御。"东汉著名经学大师郑玄注："先学勺，后学象，文武之次也。成童，十五以上。"所以后来便以"舞象"代指成童之年。由此分析可见，金圣叹当在十五岁左右之际开始研读杜诗。综上，金圣叹也的的确确是一位天资聪颖、内心敏感、生性卓异的"读书种子"呀！

（二）扶乩降神，诡道求名

也许正是由于金圣叹从小就是一个异于常人的少年天才和读书种子，早慧、聪明而且敏感。所以，在金圣叹很年轻的时候，

他就考中了秀才，但是他对功名似乎不太感兴趣。传说有一年他在参加岁试的时候，就屡次和科举考场上的考官开玩笑，以致后来被黜革。他便于第二年改换名字再次参加科举考试，而且再考再中，可见金圣叹的天才禀赋的确是很高的。王应奎在自己的《剑南随笔》当中有过这样一段描写金圣叹的话："以诸生为游戏具，补而旋弃，弃而旋补，以故为郡县生不常。"足以证明金圣叹在科举考场上的游戏人生。关于金圣叹戏弄科举考场的故事，在民间流传的故事更多，我们随便摘录一二例来看，据说，金圣叹年轻的时候，有一次参加乡试，那届的考题为"西子来矣"，按照考题的要求是要针对越国的西施出使吴国的史实，让参加本届考试的众考生给予评说。金圣叹面对如此考题，迅速开始作答：开东城，西子不来；开南城，西子不来，开北城，西子不来！开西城，则西子来矣！西子来矣。主考见他把功名视若儿戏，即在卷上批道：秀才去矣！秀才去矣！于是，金圣叹便因此而名落孙山。此后又一次乡试，考题是"孟子将见王"。金圣叹在答卷的四角写了四个"吁"字，此种异于一般考生的现象，就连当时的主考官也不明白什么意思，随即问金圣叹其为何如此作答，谁知金圣叹解释说：文章之中提到孟子的地方难以计数。在这个考题之前已经写过四十多个孟子了，所以对于'孟子'二字来讲就没有必要再写了。至于说见王，那见梁惠王、梁襄王、齐宣王，都是见王，所以也不必写了。题目五个字中，只有'将'字倒是可以写出一些东西。他又说，"没有看过演戏吗？王上朝的时候，总是先有四个内侍，站在左右发'吁'声。我的试卷实际上讲的就是'将'字的意思。"答出这样考卷的金圣叹当然是不会被录取的。还有一个最有名的故事，就是他又有一次参加岁试（明代生员每年必须

参加的考试）时，考官以"如此则动心否"为题要考生作文。他在文末写道："空山穷谷之中，黄金万两。露白葭苍之外，有美一人。试问夫子动心否，曰动动动……动动动。"一连39个"动"字，直接把试卷填满！如此以功名为游戏，将圣人夫子都当成了科场调笑的对象，实在令人大跌眼镜。也正是因为这篇怪诞的文章，他被黜革了功名。像这种略带有夸张性的记载和民间流传的故事都充满了传奇性的色彩，不足以当作研究金圣叹的可信材料，但是从这些记载和民间故事之中，我们似乎可以看到金圣叹确实以其异于常人的行为给世人留下了深刻的印象。要知道，在封建以科举取士的社会里，金圣叹所玩的这种游戏，并不是"以诸生为游戏"，而是真正在以自己的仕宦前程为游戏，以自己的"政治生命"为游戏，敢问在封建社会的读书人当中，有几人敢如此随性而为呢？而且金圣叹的游戏的态度和方式也显得极为特别。据清代顾公燮在其《丹午笔记》中载："金圣叹岁试，作《以杖叩其胫》《阙党童子将命》题，中间渡文曰：'一叩而原壤痛矣，再叩而原壤昏矣，三叩而原壤死矣。三魂渺渺，六魄悠悠，乃生于阙党而化为童子矣。孔子曰：此吾故人也，将之使命可也。'以此考六等，挑红粪桶而出。"在这条记载中，金圣叹敢于开孔圣人的玩笑，将一场"严肃的思想斗争"化作为一场具有滑稽性质的喜剧，而且是在庄严的岁试考场之上，面对的是掌握夺予大权的主考官员。金圣叹由着自己的性子在考场上"玩"了一次，也弄丢了秀才的资格，而他好像还很得意似的，竟然特地刻出"六等秀才"的图章嘻嘻笑笑地到处盖章，借以张扬，也是借以戏弄那种科举考试制度。众所周知，"读书种子"金圣叹向往自由，曾笑对身边的人说道："今日可还我自由身

矣。"何谓"自由身"呢？在金圣叹的眼中，"自由身"即是"酒边多见自由身，张继诗也；忙闲皆是自由身，司空图诗也；世间难得自由身，罗隐诗也；无荣无辱自由身，寇准诗也；三山虽好在，惜区取自由身，朱子诗也。"（《清代七百名人传·金圣叹》）从这些话中，我们可以窥见金圣叹对自由身的向往，以及他对自由的理解。敢于在封建社会的科举考场上"游戏人生"，历史上绝无仅有，唯独金圣叹一人！这难道就是他时常呼唤的"自由之身"吗？

明天启七年（1627），金圣叹二十岁。大概也就是在金圣叹二十岁前后，他便娶妻成了家。此后，大约在明崇祯五年（1632）金圣叹二十五岁的时候，儿子金雍出生，金圣叹便成为了一个父亲。他的一生共育有一子三女，儿子名雍，字释弓，也能为文。大约在儿子金雍五岁左右的时候，金圣叹就要求他旁听父辈们之间的谈话。而到了其十岁左右，金圣叹就开始与儿子谈诗论文，同时便以《水浒传》为教材，给自己的儿子教授一些文法知识。《第五才子书》序三："吾每见今世之父兄，类不许其子弟读一切书，亦未尝引之见于一切大人先生，此皆大错。夫儿子十岁，神智生矣，不纵其读一切书，且有他好，又不使之列于大人先生之间，是驱之与婢仆为伍也。汝昔五岁时，吾即容汝出坐一隅，今年始十岁，便以此书相授者，非过有所宠爱，或者教汝之道当如是也。"《读第六才子书西厢记法》记："儿子五六岁了，必须教其识字；识得字了，必须教其连字为句；连得五六七字为句了，必须教其布句为章。布句为章者，先教其布五六七句为一章，次教其十来多句为一章；布得十来多句为一章时，又反教其只布四句为一章、三句为一章、二句乃至一句为一章。直到解得布一句

为一章时，然后与他《西厢记》读。"可见金圣叹对他的儿子金雍也是寄予了深厚和殷切的希望的，他也时时称自己的这个儿子为"读书种子"。可惜，后来金雍因为父亲"哭庙案"的缘故，被清廷政府流放辽东。直至最后，在友人的帮助之下曾一度返回苏州，与刘献廷、尤侗等人均有往来。并以其父亲的名义编刊了《才子尺牍》等书，成为我们后世研究金圣叹相当重要的历史文献资料。同时，我们必须提及的是金圣叹有个小女儿，名法筵，她也能作诗，善写书法，可以说最受金圣叹的喜爱。后来嫁给一户姓沈的人家，居住在城外太湖的边上，金圣叹晚年就长期居住在这个生活在太湖边上的小女儿家。

大约也正是在金圣叹二十岁左右之际，他就真正开始了自己长达十余年的游戏人生。据相关史料记载，他多次参加扶乩降神的活动，有一次，他就正式以天台宗祖师智顗弟子的化身行事。从钱谦益《仙坛倡和诗序》《天台泐法师灵异记》（《初学集》卷10，第一册P330；《初学集》卷43，第二册P1123–1126）的记载可知，天启七年(1627)，金采（即金圣叹）就在戴云叶、魏德辅、顾掌丸等几位喜好尚天台学的朋友的协助下，开始行扶乩之事，金圣叹自称为慈月夫人附体。我们知道，到了崇祯八年时，钱谦益自从崇祯初年阁臣之争中被温体仁排挤、免职回乡，已在吴中赋闲七年之久，金圣叹假托慈月夫人与钱谦益进行了唱和。金圣叹所作乩语编造了慈月夫人颇为复杂的来历：天台弟子智朗堕女人身，为吴门饮马里陈氏女，后转堕神道，宫曰慈月，在神道中又得以接通宿命，再受本师记莂，奉命以鬼神身演说天台教义。此次化身慈月夫人的降乩活动，金圣叹的目的大概是想与作为慧远后身的钱谦益探讨天台学。金

圣叹还假借慈月夫人之名，以洪武韵作长句赠给钱谦益，并自称道人习气未除，请钱谦益作传一篇以扬名耀世。金圣叹所作乩语崇扬天台，引经据典，显得极其渊博深奥，竟然也使得钱谦益对慈月降乩之说深信不疑，很高兴就写下了《仙坛倡和诗》十首诗歌以来附和，同时他又亲自撰写了一篇名为《天台泐法师灵异记》的文章来大力反驳世人的怀疑。钱谦益在其这篇《天台泐法师灵异记》中说道：

> 天台泐法师者何？慈月宫陈夫人也；夫人而泐师者何？夫人陈氏之女，殁堕鬼神道，不昧宿因，以台事示现，而凭于卜以告也。卜之言曰：'余吴门饮马里陈氏女也，年十七从母之横塘，桥上有紫衫纱帽者，执如意以招之，归而病卒，泰昌改元庚申之腊也。'其归神之地曰上方，侯曰永宁，宫曰慈月；其职司，则总理东南诸路如古节镇。病则以药，鬼则以符，祈年逐厉，忏罪度冥，则以笺以表。以天启丁卯五月降于金氏之卜，今九年矣。问其宿因，则曰：'故天台之弟子智朗堕女人身，生于王宫，以业缘故转堕神道，以神道故得通宿命，再受本师记莂，俾以鬼神身说法也。'问本师记莂云何，则曰：'大师以宿昔因缘，亲降慈月宫，为诸神设法。吴人尚鬼好杀，故现鬼道救杀业，善巧方便，渐次接引，归于台事而已。其示现以十二年为期，后四年而大显。时节因缘，皆大师所指授也。'卜所凭者，金生采……

由钱谦益这段文字可知，金圣叹自称自己二十岁时鬼神附体，就开始降乩，此时应当为明天启七年五月左右，此事在清代梁章

巨所著的《归田琐记》卷七之中也有所记录。后来金圣叹又多次以佛教天台宗祖师智顗（538—597）弟子化身的名义，在吴中一带扶乩降坛、广行法事。所谓的"泐法师"，就是因为"泐庵"是金圣叹所托称的法师之号，当时的人们或敬称其为"泐公"、"泐师"、"泐子"等。

明崇祯八年（1635）金圣叹二十八岁。这一年夏初，金圣叹又降乩于姚希孟的鹓止堂。姚希孟《风吟集》卷首署崇祯八年"夏四月十有七日天台泐庵智朗降乩题于鹓止堂"的序，而据徐朔方《金圣叹年谱》认为，这篇序应该是金圣叹自己所作的，其事实的真相我们不得而知。姚希孟，字孟长，号现闻，吴县人。他是明万历四十七年进士，崇祯时因与温体仁产生了矛盾，就被外贬南京。他与钱谦益为挚友，两人早在万历末年彼此之间就有来往。同年四月，吴江叶绍袁幼子生病，叶绍袁的妻子就派遣自己的第三子入郡求助于泐庵大师，即金圣叹。叶绍袁，字仲韶，号天寥道人，吴江人。天启五年进士，官至工部虞衡司主事。据叶绍袁《天寥年谱别记·己卯》记："先是乙亥四月，八儿仪患惊风痫疾，内人遣俗往求泐公。泐公云：'不但仪不生也，君家雁行还有凋伤。亟须以黄绢画准提菩萨像，朝夕礼拜，持诵准提咒不辍，庶可保耳。'随即依法行之。迨九月，内人亡。又越年，而儿辈怠于诵礼矣。不意庚辰即自俗当之，伤哉！安期挽诗云：'仙坛旧谶雁行斜。'正此谓也。"

另外，常熟苏元《苏子后集》有《次韵钱宗伯和泐大师降乩诗十首》，在其诗序中曰："今年乙亥，降吴门金生家，为人言休咎悉验，能诗文，立就，皆秀丽有法，多警策语。赠宗伯一诗，辞意郑重，书法遒古，谈时务切中时弊，又以功名相劝勉。请为

立传，表白台事。订五月十三日降宗伯家，为先太淑人主法事，资冥福。宗伯为和其诗，广至十章。余继和如数，以赠诗，并呈宗伯云。"

是年六月上旬，金圣叹率弟子屡次到达叶绍袁家进行降神活动。据叶绍袁《续窈闻》载：

吴门泖庵大师，……昨旃蒙渊献之岁，月会鹑星，日盈龙首，余家恭设香花幡幢，敦延銮驭。午间，先有女史傅遥遥至，云：'师待下春时，方可至此。'余同诸人屏气伫候，良久，师至，下坛即云：'顷散花女史，称有《彤奁》两集，可借观乎？'余拜谢曰：'但恐上渎圣灵，敢烦云借？'举集呈阅。阅迄，师云：'意将欲不朽之邪？'……余泣而请之。师云：'不嫌荒陋，当僭弁词。'精言丽彩，挥洒错落，笔不停手，应接靡暇。鸿文景烁，灵篇晖耀，真上超沈、谢，下掩庾、徐也。时日已虞渊，爰返翠华之驾，归真道山。诘早降跸，丞索泾笺，为画牡丹、芙蕖、菊花、水仙四幅，生色映人，墨韵飞舞。挂置佛前，作天女曼陀华供，观者咸赞叹不可思议功德焉。画竟，余即跽问：'先姚太宜人冯氏，蓼莪罔极，追慕无从，今于天道、人道，将焉处邪？'师云：'业已受生，尘海茫茫，去即不认。今虽不越五十里之地，然石上之笑，正未可必也。仍居荣贵之途，非下室蓬户，亦足慰矣。'余又扣问亡儿世偁。师云：'偁之前身，生于云间，已聘一女，将婚而死。因悟世法无常，遂出离家俗，为高行律师。女于梦中，时往视之，觉而邪心萌动，动即堕戒，遂至于此。然此事甚奇，因缘在三世以前，本皆女也。偁为奚氏，顾为杨

氏，俱武水人，中表姊妹，以才色相慕悦，誓同居不嫁。六七年所，父母终不能成其志，为各选婿。二女不相期约，俱于一日剪发成尼。父母亦无可奈何，遂创立梵舍，听其同处，精参内典，勤求佛法，可云美矣。后一女先卒，终时谓其一云："我生生世世必不舍汝，然我计之，为兄弟则各有室，为姊妹则各有家，不若迭为夫妇可耳。"然而数载熏修，人天证明，不容破戒，于今三世矣。三世俱定盟为夫妇，愿力也；三世究竟不成夫妇，戒力也。今夕当重与授记，开解此结。余又问亡女叶氏纨纨，往昔因缘、今时栖托。师云：'天下最有痴人痴事。此是发愿为女者，向固文人茂才也。虔奉观音大士，乃于大士前，日夕回向，求为香闺丽质。又复能文，及至允从其愿，生来为爱，则固未注佳配也。少年修洁自好，搦管必以袖衬，衣必极淡而整。宴尔之后，不喜伉俪，恐其不洁也。每自矢心，独为处子。嘻，亦痴矣。今归我无叶堂中，法名智转，法字珠轮。恐乱其心曲，故今日不携之归来耳。'……余又问亡女小鸾，师云：'月府侍书女也。'余问：'月府即世所传"广寒宫"邪？'师云：'非也，固别有耳。''然则何故下谪？'师云：'游戏。'余问：'游戏，何以必至我家？'师云：'神仙游戏，固必择清节之家，且昔与君曾相会，故也。'余问相会之时，师云：'君前生为秦太虚，前之前为梅福，一会琼章。琼章时为女子，名松德。又前之前为鲁仲连，更一相会。君夫人即秦太虚夫人，苏子美小女，又前为蔡经妹，亦一会琼章。君家诸眷属都有奇迹，查不能清耳。'余问：'鸾今往何处？'师云：'缑山仙府。'余问：'即今嵩高缑岭，在中州者邪？'师云：'非也。云霞之外，在月府。''何名？''寒

簧。'今往仍复旧名邪?'师云:'否也,即名叶小鸾矣。'
余问:'与张婿何缘?'师云:'曾一见耳。张郎前身姓郑,
浙中一巨卿公子,郑之前身固参宗师,亦龙姿也。当其为郑生
时,少年高才,自谓曾修玉京女史。寒簧偶闻斯言,即于其读
书楼下,花架之中,一现仙女天身。郑生见之,亦诧本处闺
质,初不意神仙示影也。此天顺二年三月初三事。张之今有是
缘,盖前以未得详观奇丽踪迹,悒悒不遂,故又寻至耳。'余
问:'若缘,何以终不得合?'师云:'寒簧偶以书生狂言,
不觉心动失笑。实则既一现后,即已深悔,断不愿谪人间,行
鄙亵事。然上界已切责其一笑,故来;因复自悔,故来而不与
合也。'余泣恳大师神通道法,招魂来归。师云:'魂在仙府,
恐不得招;且蓬山弱海,路甚远也。'余再恳之。延至午后,
师忽云:'顷已发使,往邀琼娘道驾,夜可至矣。'至夜,师
云:'琼娘已到。'命之礼佛,拜祖母灵几,即云:'试作一
诗,用观雅韵。'女辞不敢。师云:'不妨。'女即作云:'身
非巫女惯行云,肯对三星蹴绛裙。清映声中轻脱去,瑶天笙鹤
两行分。'师云:'尊人思君,至切至切。可引之进谒母夫
人,'问:'如何可以引进?'师云:'香灯。'随以香灯引入,
至中庭,见母即出。出即作诗,呈父母云:'怖风瑟瑟女归
来,万福尊前且节哀。'二语即止,似哽咽不能成者。余问:
'有说否?'云:'无说。''思父母否?'云:'时思也。'
'认否?'云:'认,独不认房。再引我房去。'盖初入时至庭
中即出,实未及入其故房,且房亦稍改也。又作一诗云:'汾
干素屋不多间,半庑生人半庑棺。黄鹤飞时犹合哭,令威回日
更何欢。'诗竟,即书'红于'。余问:'要唤红于邪?'云:

'我也思他。'红于，其生时侍女也。余即唤红于执灯，重引卧房。余与内人对视空中，共相号泣，悲恸酸楚，几欲断肠。……问答未竟，师云：'无明缘行，行缘识，识缘名色，名色缘六入，六入缘触，触缘受，受缘爱，爱缘取，取缘有，有缘生，生缘老死忧悲苦恼。君谛听之，我当细讲。'停乩甚久，师云：'奇哉！是也。割爱第一。'又云：'菩萨正妙于从空出假，子真妙悟天开也。'女即作诗呈师，云：'弱水安能制毒龙，竿头一转拜师功。从今别却芙蓉主，永侍猊床沐下风。'师云：'不敢。'女云：'愿从大师授记，今不往仙府去矣。'师云：'既愿皈依，必须受戒。凡授戒者，必先审戒。我当一一审汝，汝仙子曾犯杀否？'女对云：'曾犯。'师问：'如何？'女云：'曾呼小玉除花虱，也遣轻纨坏蝶衣。''曾犯盗否？'女云：'曾犯。不知新绿谁家树，怪底清箫何处声。''曾犯淫否？'女云：'曾犯。晚镜偷窥眉曲曲，春裙亲绣鸟双双。'师又审四口恶业，问：'曾妄言否？'女云：'曾犯。自谓前生欢喜地，诡云今坐辩才天。''曾绮语否？'女云：'曾犯。团香制就夫人字，镂雪装成幼妇辞。''曾两舌否？'女云：'曾犯。对月意添愁喜句，拈花评出短长谣。''曾恶口否？'女云：'曾犯。生怕帘开讥燕子，为怜花谢骂东风。'师又审意三恶业：'曾犯贪否？'女云：'曾犯。经营缃帙成千轴，辛苦鸾花满一庭。''曾犯嗔否？'女云：'曾犯。怪他道蕴敲枯砚，薄彼崔徽扑玉钗。''曾犯痴否？'女云：'曾犯。勉弃珠环收汉玉，戏捐粉盒葬花魂。'师大赞云：'此六朝以下，温、李诸公血竭髯枯、矜诧累日者。子于受戒一刻随口而答，那得不哭杀阿翁也。然则子固止一绮语罪耳。'遂予之戒，

名曰'智断'。女即问：'何谓智？'师云：'有道种智，一切智，一切种智。'又问：'何谓断？'师云：'断尘沙惑，断无明惑。有三智应修，三惑应断。菩萨有智德断、德智断者，菩萨之二德也。'女云：'菩萨以无所得故而得，应以无所断故而断。'师大惊云：'我不敢复以神仙待子也，可谓迥绝无际矣。'遂字曰'无际'。今无叶堂中称绝子，亦称绝禅师。以上六月初十语也。

其后，大概到了明崇祯五年十月，叶绍袁十七岁的三女儿小鸾在婚前五日忽然得了一场小病居然突然间就死亡了；而他的长女纨纨也因为哭其妹妹哀毁过度，于除夕前数日逝世，年仅二十三岁。而崇祯八年，先是十八岁的次子世偁因科考失利，于二月间因抑郁而死；三月，叶绍袁的母亲冯太宜人因伤爱孙之殁而去世；四月，八子世儴五岁夭折。或许也正是在这样的背景下，因家中接连遭遇各种非难，叶绍袁悲哀心痛一时郁积于心，不堪屡丧亲情之惨痛，所以他就与善于降神招魂的"泐大师"便有了多次的往来。叶绍袁与宜修二人都擅长诗文，所作见绍袁所编《午梦堂集》中。而在叶氏夫妇的作品中，时常会提及降临其家扶乩招魂的"天台无叶泐子智朗"者，即金圣叹。如沈宜修《鹂吹》集有呈"泐大师"的诗作数首，而其夫叶绍袁在其诗文当中提及"泐师"、"泐公"、"泐庵大师"的地方更是不胜枚举，在《午梦堂集》中随处可见，并专以异事类笔记《续窈闻》详述来往的始末、缘由和具体过程。所以，在这些相关的笔记资料当中，可谓最为详细地记录了金圣叹以泐庵大师的身份扶乩降神的真实过程。

次年四月金圣叹又再次到了吴江叶绍袁家扶乩，为其"招致"妻、女亡灵，并与之联句赋诗。此年夏秋之际，叶绍袁与金圣叹二人之间有过多次的邀约往来，多次相会。叶绍袁在《叶天寥自撰年谱·九年丙子》中说：六月"同吴茂申、周安期、沈君善、君服往径山"，正三伏中"与吴门泐公有约，故遂亟归，游未一二，深负山灵耳。八月，送季若入都报命，同候泐公。泐公赠余二语：'秦世身为鲁高士，汉朝我识梅仙人。'泐公故以余前身为秦太虚，太虚前为子真、仲连也。九月，《午梦堂集》成……共九种。"

大约也是从此际始，金圣叹也便开始在周庄戴汝义家为塾师。据释戒显《现果随录》载："苏州孝廉戴星归，讳吴悦。父宜甫，从兄务公、石房，皆名士也。悦生而儇慧，父质其功名于无叶泐大师，乩判曰：'此子以工部终身。'及长，某年登贤书，负性痴狂，行多荡捡，大不利于乡党，吴中呼为'戴痴'。既而受害者众，罗其恶款，控于工部。工部鞫勘得实，加严刑，卒于狱。……所言'工部终身'者，乃毙于工部、以终其身也。"

这段话中所说的宜甫，当为戴汝义之号，他是长洲周庄镇（今属昆山）人，也是一名庠生。戴宜甫与金圣叹、泐大师的关系，在《贞丰拟乘》中也有记录："金圣叹，馆于周庄戴宜甫家，课其子星归。金能扶乩，与泐大师善。宜甫以伊子前程扣，乩云'工部终身'。后星归犯法，死于祁工部之手。"

综上所述可见，金圣叹在明天启七年（1627）至明崇祯九年（1636）大约十年时间之际，金圣叹狂放的行为渐渐增多，他多次参加各种扶乩降神的活动。而且自称女仙陈夫人附体，用扶乩降神的方式与各界人物相会交际，借以来表现自己的诗才与

佛学修养。尤其是当时的文坛领袖钱谦益在与金圣叹进行了那次著名的"仙坛倡和",并领略了金圣叹的才情与学识之后,开始对其深信不疑,不仅与其多次相互唱和,而且还亲自撰写文章以来张扬此事。在一定程度上来讲,文坛领袖的这种行为更加给予了原本就以"读书种子"自称的金圣叹在精神上以鼓励和对其才华的肯定!从诸多历史材料的记载来看,金圣叹这样一位锦绣才子,在此时已经享有"异名",他这种"扶乩降神,诡道求名"的行为在当时也遭到当时很多人的批评和非议。锦绣才子金圣叹的游戏人生大约持续了十年之久,约至明崇祯十年(1637),他三十岁时,扶乩降神之事在其友人的劝说之下,才渐渐息事宁人!

(三)而立之年,著书立说

儒家圣人孔子曾在《论语·为政》篇里说道:"吾十有五,而志于学。三十而立,四十而不惑,五十而知天命,六十而耳顺,七十而从心所欲,不逾矩。"其中所谓的"三十而立",即是说一个人在三十岁的时候就应该确定自己的人生目标与发展方向。金圣叹作为封建社会的读书人,儒家这样经典传统,他应该还是有所了解的。于是在自己即将进入而立之年时,他既没有顺利地在科举的考场之上取得一定的功名,而且自己在三十岁之前又多次参加扶乩降神的活动,企图结交名士,但是这样的游戏人生并非自己心中所真正追求的,于是在而立之年,金圣叹开始了对自己一生人生目标和发展方向的重新审视和规划。

明崇祯十年(1637)当金圣叹真正进入三十岁的时候,他在友人的劝说之下,渐渐放弃了此前从事的极为频繁的扶乩降神之

事。根据其友人郑敷教《郑桐庵笔记》所提供的资料来看，所谓"乩仙"："请仙之法，世多有之，大约文人才士精神之所托。有金生者，通于其术，诡称一陈夫人号曰慈月智朗，与生有婚姻之缘，在某年宜续之。请之辄来，长篇大章，滔滔汩汩，缙绅先生及士人有道行者，无不惑于其说。无行生某某，因之为利，筑宫塑祀，造为礼忏文。儒服道冠，倾动通国者年余。生诎于试事，再经黜落，其说渐寝。"郑敷教，字士敬，号桐庵，长洲人。他是崇祯三年的举人，在崇祯十四年曾参加修撰《吴县志》。从此前的叙述可见，金圣叹登坛扶乩的行为持续时间甚久，足足有十年之余。崇祯十七年初春，金圣叹在撰写《赠顾君猷》时，他自己也说道"圣叹端坐秉双轮，风雷辊掷孰敢亲"。但是令他全力以赴、完全投身其中的时间并不长，当时"儒服道冠，倾动通国者年余"，后因"（金）生诎于试事，再经黜落，其说渐寝"。原因是金圣叹在多次的科考、岁试当中应试不利，"诎于试事，再经黜落"，而渐渐便退出此道。另外，据有关历史文献记载，金圣叹应该在此时也参加过一次科举考试，不过这次他是顶张人瑞之名而参加吴县诸生的考试的。顾公燮的《哭庙异闻》记："金圣叹，名人瑞，庠姓张，……少补长邑诸生，以岁试之文怪诞，黜革。次年科试，顶张人瑞就童子试，拔第一，补入吴庠。"这种由于种种原因而以庠姓、榜姓代替本姓应试的现象，在明末清初极为普遍。那么，金圣叹此时的改名换姓参加科举考试的行为也显得不足为异了。

明崇祯十三年（1640）金圣叹三十三岁。这年秋天，金圣叹的苏州友人申垣芳和王希赴南京，他作诗送与友人。《沉吟楼诗选》有组诗《送维茨公晋秋日渡江之金陵》十二首。此组诗是作

者于秋季送两位友人赴南京分别时所作。其中第四首云：

> 今年三十外，旧镜得秋霜。
>
> 同学渐有事，众经未成章。
>
> 二公又离别，一秋无纪纲。
>
> 得归幸及早，有约毋相忘。

此诗首联"今年三十外，旧镜得新霜"，上句间接标明写作时间，然而这里的"外"是一个较为宽泛的概念，此时的金圣叹到底多少岁？我们结合他其他诗作分析可知，这首诗中的"今年"大概是指金圣叹三十三岁时，也就是明崇祯十三年之际。此时，本来应该年轻力壮的金圣叹却已经变得鬓发早衰，可见有可能是其用脑过度而导致的。颔联"同学渐有事，众经未成章"一句，可与其《送吴兹受赴任永州司理》一诗相互参读理解，此诗即写于崇祯十三年至十四年初，首联"我欲治经今日始，君行折狱几年平"，便可移作"同学渐有事，众经未成章"的注脚。从这些诗作的叙述来分析，我们可以看出金圣叹大约在此时已经开始评点"众经"的活动了。次年，金圣叹三十四岁之时，在他的心中已经开始产生了"六才子书"的观念，是年二月十五日在他所批的《第五才子书》序一中他说道：

> "夫古人之才也者，世不相延，人不相及，庄周有庄周之才，屈平有屈平之才，马迁有马迁之才，杜甫有杜甫之才，降而至于施耐庵有施耐庵之才，董解元有董解元之才……故依世人之所谓才，则是文成于易者，才子也；依古人之所谓才，则

必文成于难者，才子也。依文成于易之说，则是迅疾挥扫、神气洋洋者，才子也；依文成于难之说，则必心绝气尽、面犹死人者，才子也。故若庄周、屈平、马迁、杜甫，以及施耐庵、董解元之书，是皆所谓心绝气尽、面犹死人，然后其才前后缭绕、得成一书者也。……夫身为庶人，无力以禁天下之人作书，而忽取牧猪奴手中之一编，条分而节解之，而反能令未作之书不敢作，已作之书一旦尽废，是则圣叹廓清天下之功，为更奇于秦人之火。"

其后，在他的书名为《贯华堂第五才子书水浒传》，卷首有《读第五才子书法》，说明"六才子书"之念已经存在于他的心间。只是提到庄、屈、马、杜诸人而不及《西厢记》作者王实甫一事，可见这是他早期的"六才子"观。从这里，我们似乎也可以看到此时间内金圣叹或未有评点杂剧《西厢记》的打算。然而最为值得我们注意的事情是，在此之时，金圣叹就已经开始自称为"圣叹"了。如"圣叹廓清天下之功"云云，而且在《第五才子书》中金圣叹以"圣叹"自称共约出现十次，因此可以证明金圣叹名采、字若采，又名人瑞、号圣叹，应当是崇祯十四年以前的事情。据这些资料所提供的关于金圣叹的信息分析可知，后世学者所认为的金圣叹是在明清鼎革之后改名为"圣叹"一说的不可信性，这些学者之所以持有此说，应该是受廖燕所著的《金圣叹先生传》而影响的，其文中如是说道："鼎革后，绝意仕进，更名人瑞，字圣叹，除朋从谈笑外，惟兀坐贯华堂中，读书著述为务。"

同时，在他后来所批点的《第五才子书》卷首有伪托"东都

施耐庵"序文一篇，有关文字或可视作圣叹自述。《贯华堂所藏古本水浒传前自有序一篇今录之》：

人生三十而未娶，不应更娶；四十而未仕，不应更仕；五十不应为家；六十不应出游。何以言之？用违其时，事易尽也。朝日初出，苍苍凉凉，澡头面，裹巾帻，进盘飧，嚼杨木。诸事甫毕，起问可中？中已久矣！中前如此，中后可知。一日如此，三万六千日何有！以此思忧，竟何所得乐矣？每怪人言某甲于今若干岁。夫若干者，积而有之之谓。今其岁积在何许？可取而数之否？可见已往之吾，悉已变灭。不宁如是，吾书至此同，此句以前已疾变灭。是以可痛也！快意之事莫若友，快友之快莫若谈，其谁曰不然？然亦何曾多得。有时风寒，有时泥雨，有时卧病，有时不值，如是等时，真住牢狱矣。舍下薄田不多，多种秫米，身不能饮，吾友来需饮也。舍下门临大河，嘉树有荫，为吾友行立蹲坐处也。舍下执炊爨、理盘槅者，仅老婢四人，其余凡畜童子大小十有余人，便于驰走迎送、传接简帖也。……吾友毕来，当得十有六人，然而毕来之日为少；非甚风雨，而尽不来之日亦少：大率日以六七人来为常矣。吾友来，亦不便饮酒，欲饮则饮，欲止先止，各随其心，不以酒为乐，以谈为乐也。吾友谈不及朝廷，非但安分，亦以路遥传闻为多，传闻之言无实，无实即唐丧唾津矣；亦不及人过失者，天下之人本无过失，不应吾诋诬也。所发之言，不求惊人，人亦不惊；未尝不欲人解，而人卒亦不能解者，事在性情之际，世人多忙，未曾尝闻也。吾友既皆绣淡通阔之士，其所发明，四方可遇。然而每日言毕即休，无人记

录。有时亦思集成一书，用赠后人，而至今阙如者：名心既尽，其心多懒，一；微言求乐，著书心苦，二；身死之后，无能读人，三；今年所作，明年必悔，四也。是《水浒传》七十一卷，则吾友散后，灯下戏墨为多；风雨甚，无人来之时半之。然而经营于心，久而成习，不必伸纸执笔然后发挥。盖薄莫篱落之下，五更卧被之中，垂首拈带、睇目观物之际，皆有所遇矣。

这里所谓的贯华堂所藏"古本《水浒传》前自有序"，位于卷首《读第五才子书法》后，我们后世学人都认为此篇序言为金圣叹假托施耐庵之名义而撰写的。在金圣叹三十四岁时，他最后完成了最《水浒传》的评点活动，在贯华堂主人韩住的资助之下，以"贯华堂"的名义刊刻发行，题署《第五才子施耐庵水浒传》，并造施耐庵的序言一篇冠于卷首。从此以后，"六才子书"之说以及"施耐庵著《水浒传》"之说皆不胫而走。

明崇祯十五年（1642），金圣叹三十五岁，他大约是在此年间就开始评选《天下才子必读书》的。在其《读第六才子书西厢记法》中有言："仆昔因儿子及甥侄辈，要他做得好文字，曾将《左传》《国策》《庄》《骚》《公》《谷》《史》《汉》韩、柳、三苏等书，杂撰一百余篇，依张侗初先生《必读古文》旧名，只加'才子'二字，名曰《才子必读书》，盖致望读之者之必为才子也。久欲刻布请正，苦因丧乱，家贫无资，至今未就。"而上年他所撰写的《第五才子书》序三结尾处云："人生十岁，耳目渐吐，如日在东，光明发挥。如此书，吾即欲禁汝不见，亦岂可得？今知不可相禁，而反出其旧所批释，脱然授之于手也，夫固以为

《水浒》之文精严，读之即得读一切书之法也。汝真能善得此法，而明年经业既毕，便以之遍读天下之书，其易果如破竹也者。"而《读第五才子书法》第六十八条云："人家子弟只是胸中有了这些文法，他便《国策》《史记》等书都肯不释手看，《水浒传》有功于子弟不少。"可见，在金圣叹语文教学观念中，幼儿应自十岁开始读金批《水浒》，藉以了解"读一切书之法"，然后循序渐进读《国策》《史记》等"一切书"（自然包括《左传》《庄子》《离骚》《公羊》《穀梁》《汉书》韩、柳、三苏之文等）。此后数年，明王朝一直处于风雨飘摇的环境之中。金圣叹的心情甚为矛盾，他一方面痛恨贪官污吏以及苛税重负，另一方面他又希望这个逐渐衰落的王朝能够起死回生。他这种矛盾的心态在《徽生》《送李宝弓司理内召》《甲申秋兴》等诗中都有着充分的体现。可见，金圣叹在自己的而立之年以后，开始改变了自己此前的种种扶乱降神，诡道求名的游戏行为，继而将其人生的大部分精力用于著书立说，潜心研究古典文化之上，以求流芳百世！

（四）明清易代，边缘心态

在中国历代社会里，在我们华夏文化的传统之中，封建社会一般所说的"士"多指封建社会的读书人，他们也总是扮演着很多特殊的社会角色，同时也担负着各种各样很特殊的使命。一个有着自觉思想意识的读书人，无论你是当官还是作为普通百姓，也无论你性情狂放还是心态沉静，按照学者余英时在《士与中国文化》一书中的阐释，他们这些"士"本应该都是文化的传承者，社会价值的基本维护者，还应该是社会的良心和民众的典型。每当社会战乱之际，尤其是易代鼎革之际，重视自我节操和

社会责任的读书人除了要与其他普通民众一样深受离乱之苦以外，还要经受更加严峻的精神考验，即合作还是决裂？此时的金圣叹正和千百万明末的读书人一样，遭遇到了明清易代鼎革之变，他们都面临着一次重要的生死抉择和考验。公元一六四四年三月，李自成率兵攻破北京，崇祯皇帝自缢而死，死前曾留下"任贼分裂朕尸，勿伤百姓"的遗言。公元一六四四年十月，满清贵族入住北京，福临即皇帝之位，大明王朝由此而灭亡，这就是历史上著名的"甲申之变"。虽然李自成所率领的军队并没有到达过苏州地区，但是苏州地区的读书人也体验到了这种巨大的"亡国之痛"。加上当时苏州时敏等官员的公然投降李自成的大顺朝，这一行为更是令苏州地区的读书人蒙受了巨大的耻辱。他们也曾在苏州各地举行集会，发布檄文，声讨"降贼逆臣"。悲呼"吾邑三百年来，未有名节扫地如今日者也"（《丹午笔记》）。紧接着，满清王朝的铁骑南下，极其无情残忍地屠戮了苏州地区，苏州很多民众一改往日的文静软弱之风，头缠白布，奋起反抗，霎时间，血流成河！可见，在国破之时，易代之际，苏州的大多数民众并没有屈服，苏州大多数的士人也并没有屈服。而此时的金圣叹呢？由于具体史料的不足，我们很难详考，但是他的思想意识，精神心态，我们仍然可以在其部文学作品和历史记载中窥见一二。

从这一时期金圣叹的部分诗作的描写当中可知，金圣叹此时正遭遇了一场大病，《乙酉又病》云：

西风不肯饶寒屋，旧病公然疟贱躯。

弃友几人丢甲后，哀怜到我候书俱。

　　而且金圣叹的这次生病，显得更为严重，甚至到了病危的程度："悬知不死只须臾！"，就连他的妻子，这会儿也因为繁重家务的劳累，经常没有足够的钱财买药而长在病中，忍受着无情病痛的折磨："妇病连年月，襦裙不复全。……贫穷困讳疾，井臼且伤生。"（《妇病》）这几首诗是金圣叹当时境遇的真实写照。可以说，明清易代之初，作为一名前朝遗民的金圣叹，他的心中还是有点怨恨存在的，当然也表现了对晚明的不舍，对满清残害普通民众的批判。他曾在《塞北今朝》这首诗里叹惜到"江南士女却无赖，正对落花春昼长"的无奈，希望人们能够继续奋起反抗，拼命一搏，期盼有人能够阻止来势汹汹的南下的清军，希望大局有所好转，江南能够免遭生灵涂炭之灾。然而可惜的是，无人能够阻止清军南下的脚步，大局当然也无力转变，风景秀丽的江南锦绣山河难免血流成河。金圣叹面对这样的现实，他年轻时所有的狂妄似乎一瞬间在内心深处都化为了无限的悲哀，无比的愤怒。作为一名书生，一名士人，金圣叹虽然有"适遭变革，欲哭不敢"的隐痛，然而他还是用自己手中的那根笔写下了诸多的诗歌，借以抒发自己心中的愤懑之情，同时也似乎只能以这样的方式来抚慰自己心灵上的创伤。在《甲申秋兴》一类的诗中，他说道：

　　　　虾蛆先死大鱼继，惟有螃蟹日彭亨。
　　　　先生破斋买蟹吃，怪他着甲能横行！

　　在这种苦涩的幽默的语言之中，他抒发了自己对穿着甲衣而

到处横行的清军的愤慨和蔑视。最使金圣叹痛惜和憎恶的就是那些投降清军的士林败类。他们曾经也满腹经书，也曾受明朝的恩惠，平日里极言"忠孝"然而一到这种危急的时刻，他们却贪生怕死，贪恋富贵，出卖自我人格，厚颜无耻。于是金圣叹以恶狠狠的诗作痛批这些士林败类。《湘夫人祠》

> 缘江水神庙，云是舜夫人。
> 姊妹复何在，虫蛇全与亲。
> 寒帏俨然坐，偷眼碧江春。
> 未必思公子，虚传泪满筠。

题下注云："刺亡国诸臣。"此诗一反古来对娥皇、女英的赞誉，反面用事，以娥皇、女英喻变节降清之明臣，以虞舜喻大明王朝，诗中的"虫蛇"云云，显而易见是金圣叹表达了自己对满清之厌恶与仇视。旨在讽刺大明诸臣贪图荣华富贵而变节降清，毫无亡国之痛。金圣叹态度明确，笔锋锐利，表现了他以往的风格。可见在明清易代之初，金圣叹还是比较怀念前明而痛恨满清的。于是我们考察金圣叹在鼎革之后的诸多行为，便不难发现金圣叹思想心态的真实面目。

纵观金圣叹的一生，我们可以清楚地看到，他凭借自己出众过人的才华，从青年时代起就喜欢以文会友，常常在其那些名不经传的好友圈子里，以诗交友，把酒共论人生。这样的以文会友的生活，可以说在金圣叹的一生里持续了很长时间。但是我们考察金圣叹的一生，可以很清楚地发现，他这样以文会友的活动更加频繁和显著地发生于明清易代之后，在这段长达十余年的时

间里，他多次写诗，赋诗，赠诗，以文会友。所以我们不能忽略金圣叹这样一个特殊的人生经历和生活特征，不能不去以此为出发点和切入点，继而来探求金圣叹在鼎革之后的思想心态。明崇祯十七年、即清顺治元年（1644），金圣叹三十七岁。这一年正月里，他撰写了《赠顾君猷》诗，对友人批评自己扶乩降坛言行没有新意而心悦诚服。其《沉吟楼诗选》中记有《赠顾君猷》，其云："……今年甲申方初春，雨雪净洗街道新。西城由来好风俗，清筵法众无四邻。圣叹端坐秉双轮，风雷辊掷孰敢亲？譬如强秦负函谷，六国欲战犹逡巡。善来顾子独微笑，三十六齿烂如银。谓我了不异人意，何用多言摇精神？手持顾子三太息，奈何于此生悲辛。圣学久传至今在，我尔独赖为其薪。呜呼，只今天下大乱殊未已，我终欲尔持人伦。"诗中所写到的"端坐秉双轮，风雷辊掷"，是对金圣叹降乩行为出自当事人亲口的描述；"天下大乱殊未已"，表现出金圣叹对当时社会局势的关心和担忧。

同年春，他又为吴县知县吴梦白撰写祝寿诗多首。在其后来的《沉吟楼诗选》中辑有《吴明府生日》"吴王洲上燕衔泥"、"福星南面坐琴堂"和《寿吴明府之一》等三首。同时又为友人徐庆公生日赋诗。也是在其《沉吟楼诗选》中有《徐庆公生日》，该时首联为"城中岂有甲申年，叹绝先生独断然"，颈联为"二方兄弟予同学，两海文章世异传"。此年夏末，金圣叹又为乡人邵弥跋山水遗作。秋天，金圣叹又撰写"秋兴"数首，这些诗歌均收录于其《沉吟楼诗选》当中，可惜现今仅存《甲申秋兴》四首和《甲申秋兴之二》二首。

清顺治二年（1645），他三十八岁时，大约春夏之间，先后为

友人叶奕荃作《元晖渡江》和《元晖来述得生事》五言律各一首。《沉吟楼诗选》有为"元晖"所作诗两首，分别是《元晖渡江一首》：

> 关河将雨雪，君子复何之？
> 讵惜衣裳薄，诚忧盗贼时。
> 渡江如绝域，分手更何期。
> 敢道三春节，□□□□□。

《元晖来述得生事一首》：

> 亡命真不易，受恩殊复难。
> 纵然无戮辱，何以免饥寒。
> 豺狗方骄横，鸾龙总破残。
> 亲朋连月泪，谁望尔生还？"

在此之际，金圣叹的好友王瀚曾资助圣叹一笔厚金，但是迅速就被其挥霍一空。据廖燕《金圣叹先生传》所述："生平与王斫（zhuó）山交最善，斫山固侠者流，一日以三千金与先生，曰：'君以此权子母，母后仍归我，子则为君助灯火，可乎？'先生应诺。甫越月，已挥霍殆尽，乃语斫山曰：'此物在君家，适增守财奴名，吾已为君遣之矣。'斫山一笑置之。"

另外，金圣叹同时代之人归庄也曾在其《诛邪鬼》中借"苏州人述其邪淫之事"种种，之一便提到金圣叹挥霍友人三千金一事："有富人素与交好，乙酉之乱，以三千金托之，相与谋密藏

之。其人既去，则尽发而用之。事定来索，佯为疑怪，略无惭色。"

归庄在《诛邪鬼》中关于金圣叹的记载，我们难以确证。但是关于此事参证资料还有，徐增《送三耳生见唱经子序》介绍说金圣叹在正人君子的眼中是一个经常遭人嫉恨的不祥之物："从其游者，名士败名，富人耗财，僧家则无布施处。"徐增是金圣叹人生后二十年之中的重要朋友之一，此言当可信。"富人耗财"必定会有其资本，金圣叹的这位名叫王斫山的好友，他与其胞弟王道树都是高官显宦的后裔，到了明朝末年家财早已经富逾万金，而且他本人素来就与金圣叹二人感情深厚，因金圣叹生活困窘而资助他，当然也是在人之常情之中。以上两种说法虽然出发点不同，但是共同却为我们揭示了这样一个事实：在金圣叹因生活困苦潦倒窘迫之际，他的挚交好友王瀚曾经以令其容易接受的委婉方式，资助给他一笔厚金，大约三千金左右。这对于一向豪侈不吝的王瀚来说，也并非绝不可能。而在后来金圣叹本人也提及过此事，大概也就是在金圣叹本人约五十岁时，在《第六才子书》中，他曾对这位老友有过一番发自内心的评价。诸如："目尽数十万卷，手尽数千万金"；"倾家结客，而不望人报"；即便入清后门庭衰落，"瓶中未必有三日粮，而得钱犹以与客"等等。仅凭此段言论从，我们倒是可以看到金圣叹的确曾经得到过好友的大力资助，同时，也反映出了金圣叹晚年生活的确处于一种极为贫困的生活境地，这样一位在文学方面拥有旷世奇才的文学大家，其日常生活竟然沦落到如此窘迫的地位，着实让人感到心痛。此年秋天，金圣叹又撰写《乙酉又病一首》《外甥七日》《讹传境哥被虏》《喜见境哥》《兵战》《怀圣默法师》《柳》《闻圣寿

寺遭骄兵所躏》等多首诗。

清顺治三年（1646），他三十九岁，他撰写了《上元词》，拟唐代崔液，而今现存三首。《沉吟楼诗选》有《上元词》二首和《上元词之一》。其跋语云："此非道人语。既满目如此，生理逼侧，略开绮语，以乐情抱。昔陶潜自言：时制文章自娱，颇示其志；身此词岂非先神庙末年耶？处士不幸，丁晋宋之间；身亦适遭变革。欲哭不敢，诗即何罪？不能寄他人，将独与同志者一见也。"这一年冬天的一个夜晚，金圣叹读徐增的诗作，顿时有感而发，于是立即赋诗一首，其《沉吟楼诗选》有《冬夜读徐悬瀑诗》一诗。而徐增在《九诰堂集》卷首《赠言》也载有此诗，题为《读瀑悬先生诗毕吟此》，题下注曰："子能丙戌梦游匡山，看瀑布，曾改名匡杖，字瀑悬。"此后，金圣叹又为友人徐崧诗作题诗。《沉吟楼诗选》有《题徐松之诗二首》。第一首后四句为："近事多难说，传闻或未详。副车皆不中，三户又沦亡。"这首诗尾联用典，皆影射抗清活动。

清顺治四年（1647）六月，金圣叹开始撰写《童寿六书》，虽然在整个撰写的过程中因事而不得不终止，但是他已经耗费整个心血，此时须发尽白。《南华字制》序云："前岁长夏，欲就舍下后堂，开局建标，延诸道士，并共论撰述，为《童寿六书》，大都一百卷。而迁延两月，竟亦中辍。所以然者，行年四十，心血虽竭，黾勉著书，尚不敢爱。独是日夜矻矻，须发为之尽白。"这一年十一月之际，过吴江松陵镇，访问友人沈永辰，也曾赋诗纪事。该诗见于《沉吟楼诗选》七言律《丁亥仲冬过松陵访来止》。这首诗歌题目当中的"来止"，即金圣叹的好友沈永辰，他名永辰，字子拱，号来止，吴江人。该诗首尾二联是"万古陶边家士

家（"家士家"或为"众士家"之形近误抄。众士，古代泛指读书人），门庭耿介绝喧哗"和"我来岁暮衣裳薄，四顾同人生怨嗟"，分别可见其友人沈永辰为学、与人交往的家风和金圣叹当时"岁暮衣裳薄"和"四顾同人生怨嗟"的生活境况。

到了清顺治五年（1648），金圣叹四十一岁之时，这一年的二月四日，他撰行书七字联，感慨自己人生的遭际。其云："消磨傲骨惟长揖，洗发雄心在半酣。"此联的落款为"顺治戊子二月四日"。现存联语手迹另有"风来玉宇鸟先转，露下金茎鹤未知"和"雨入花心自成甘苦，水归器内各现方圆"，均为行书。第二年五月，他撰写了《圣人千案》，参与者有金圣叹的友人王学伊、金昌、刘隐如等。在《圣人千案序》中说道："己丑夏五，日长心闲。与道树坐四依楼下，啜茶吃饭，更无别事。忽念虫飞草长，俱复劳劳，我不躭空，胡为兀坐？因据其书，次第看之：看老吏手下，无得生之囚，不胜快活；看良医手下，无误用之药，又不胜快活。同其事者，家兄长文、友刘逸民，皆所谓不有博弈，贤于饱食群居者也。"

此段话当中的"道树"即为王学伊的号，他是之前赠与金圣叹三千金之人王瀚的弟弟，入清以后，他便隐居在苏州西郊的胥庄，终生不入城市。因此金圣叹与他共坐在"四依楼"，这"四依楼"也当是王道树在胥庄别墅的室号。金圣叹也存有《病起过道树楼下》和《道树遣人送酱醋各一器》诗二首。从这两诗中我们可以看见王道树对金圣叹的关心，以及金圣叹窘迫的家境。另外，金圣叹也有《拟唐王季友鹦鹉洲诗》，这首诗前有一段小序："好雨着时，未审感何美政。鲁宣十六年《春秋》，时书'大有'，程氏断云'灾异'。圣人之笔，吾又乌能知之？且图一养苗，二作

凉，有斯二益，便须欢喜耳。因与道树闭门弄笔改此。"这首诗是现存的唯一金、王二人合作的诗文。

此后，这一年夏天，金圣叹又应友人之邀约，花费了三个月的时间撰写成了《南华字制》。《南华字制》其序云：

> "前岁长夏……为《童寿六书》，大都一百卷。而迁延两月，竟亦中辍。所以然者，行年四十，心血虽竭，黾勉著书，尚不敢爱……今年二三学者，请以夏九十日，解衣露顶，快说漆园遗书，于谊莫辞，竟受斯托。话言既多，诠释略具，存之未全，弃之可惜，则命儿子释弓掌而记之，别题为《南华字制》一卷。"

"二三学者"当即友人王学伊、金昌、刘隐如，或即于夏五日聚坐于王氏四依楼下所议定者，先撰《圣人千案》，再以一夏时日撰成《南华字制》。

清顺治八年（1651）六月，金圣叹读杜甫《发潭州》一诗，《唱经堂杜诗解》卷四《发潭州》评语："此不知当日先生是何心血做成，亦不知圣叹今日是何眼光看出？……千秋万岁之下，锦心绣口之人不少，特特留此一段话，要得哭先生，亦一哭圣叹。所谓'回首伤神'，辈辈皆有同心也！……辛卯夏六月甚暑，当午读之，寒栗竟日。"此时的金圣叹也开始感慨自己这一生怀才不遇的悲惨遭遇，暗自伤神。

清顺治九年（1652）金圣叹四十五岁之际。这一年二月，他的友人长洲徐增撰写了《怀感诗》，在这些诗歌当中，徐增回忆起了金圣叹及其亲友多人。其诗《顾释曾参》：

君是阿难第四人，青莲为目月为身。

一回出世逢难再，三藏迷茫那问津。

《金十力释弓》：

师子国中金作界，象王家内玉为人。

思君不见疑君远，忽地相逢骨肉亲。

《金长文昌》：

点也行春服既成，春风春水荡春城。

万花楼上为家业，坐听枝头百鸟鸣。

《申蔎文垣芳》：

秉烛连宵游奈园，还如旭日招高原。

庄严有路今超出，妙士由来自一门。

《韩贯华圣住》：

先生心似吠琉璃，狮吼盛来满不遗。

一线贯成万花朵，大千世界更无疑。

《唱经先生》：

千年绝学自分明，佛海儒天出大声。

掩耳不听真怪事，却从饮酒看先生。

以上六首诗，见于徐增《怀感诗》，连贯排列，没有间隔。有关于《怀感诗》写作的时间和创作宗旨，我们可以参见徐增所所撰写的《怀感诗引》，其曰："壬辰仲春，贫居僻陋，宾朋都阔，末疾既剧。复益以他病，伏枕累月。因念曩时相与，生离死别，二者各半。聊各赋二十八字，以写其大概，而余事迹亦略记于此。言本至痛，与泪俱出矣。""壬辰仲春"即顺治九年二月。所怀人物多有与圣叹关系亲密者，除上引者外，还有《山阴王季重思任》《禾中李赤茂炜》《浙鄞钱圣月光绣》《云在法师圣力》《开云法师圣诵》《庄严法师圣文》《解脱法师圣供》《总持法师》等等。由此可见，徐增在其中年以后，不仅与金圣叹成为挚友，而且两人在交游关系方面有着相当大的重叠，也难怪当时之人所谓："十年曾识金圣叹，笔墨高妙才崚嶒。天之生贤岂孤特，复有徐子相凭凌"（吴见思《奉赠子能道兄先生》）；"见先生如见我叹师矣"（史尔祉《九诰堂甲集后序》）。

此后，是年三月，金圣叹便为其友人徐增的《怀感诗》作了一篇序文。《怀感诗序》：

徐子能先生《怀感诗》四百二十绝句成，手抄示余。是时三月上旬，花事正繁，风燠日长，鸟鸣不歇。乃余读之，如在凉秋暮雨，窗昏虫叫之候；如病中彻夜不得睡，听远邻哭声，呜呜不歇；如五更从客店晓发，长途渺然，不知前期；如对白

发老寡妇，讯其女儿时、新妇时一切密事；如看腊月卅日傍晚，阛阓南北，行人渐少渐歇：一何凄清切骨、坏人欢乐也。……先生学道固甚力，诚不意其妙果及此。此皆一切圣人行处，所谓如幻三昧，月爱三昧，一切佛集三昧，宿王游戏三昧也者。先生自不作佛氏语耳，盖四百余绝句，审尔则皆佛氏之至言要道也。遂不觉欢喜踊跃，而僭书其端。同学人圣叹拜手。

前文提到徐增的《怀感诗》写于顺治九年二月，而金圣叹读到徐增抄呈的《怀感诗》应当是"是时三月上旬"，二者之间时间正好前后延续，故邬国平先生得出结论："这篇《怀感诗序》写于顺治九年"，整篇序文表现出了金圣叹对徐增生理的病痛极为同情，对他精神的苦闷也极为理解的心情。

而到了清顺治十三年（1656），金圣叹四十九岁的时候，他历时两个月的时间评点了《西厢记》，公开反对其"淫书"一说，从而旗帜鲜明地为其中的性描写进行了一番辩护。顾公燮《哭庙异闻》"丙申，批《西厢》"。徐增《〈天下才子必读书〉序》："刻王实甫《西厢》，应坊间请，止两月，皆从饮酒之隙、诸子迫促而成者也。"此后，金圣叹在其《读第六才子书西厢记法》中高呼："《西厢记》断断不是淫书，断断是妙文。今后若有人说是妙文，有人说是淫书，圣叹都不与做理会。文者见之谓之文，淫者见之谓之淫耳。"而《酬简》总评又道："有人谓《西厢》此篇最鄙秽者，此三家村中冬烘先生之言也。夫论此事，则自从盘古至于今日，谁人家中无此事者乎？若论此文，则亦自从盘古至于今日，谁人手下有此文者乎？谁人家中无此事，而何鄙秽之与有？谁人

手下有此文，而敢谓其有一句一字之鄙秽哉！……今自【元和令】起，直至【青歌儿】尽，乃用如是若干言语，吾是以绝叹其真不是鄙秽也。盖事则家家家中之事也，文乃一人手下之文也；借家家家中之事，写吾一人手下之文者，意在于文，意不在于事也。意不在事，故不避鄙秽；意在于文，故吾真曾不见其鄙秽。而彼三家村中冬烘先生犹呶呶不休，詈之曰鄙秽。此岂非先生不惟不解其文，又独甚解其事故耶？然则天下之鄙秽，殆莫过先生，而又何敢呶呶为！"

金圣叹善辩，针对有人说《酬简》是"鄙秽"一说，他便从两个方面予以了严厉的反驳：一是事是家家家中必有之常事，文是人人手下无有之美文，何鄙秽之有？二是善读《西厢》者重其文而略其事，冬烘先生不解其文而独解其事，是真正的鄙秽者。反唇相讥，可谓犀利。因而徐朔方先生在《金圣叹年谱引论》指出《酬简》总评的后几句话"肯定会刺痛正人君子。归庄很可能看了这一段评语，才觉得非写一篇《诛邪鬼》反击不可。然而正是这一段评语，正确无误地表明金圣叹在同时代人前面已经走出多远"。而在金圣叹评点《西厢记》的整个过程之中，他的一些友人，像王瀚、王伊、韩住等人也是参与到这次《西厢记》的评点工作之中的。在《西厢记》卷七《惊梦》的总批中："吾闻周礼，岁终，掌梦之官，献梦于王。夫梦可以掌，又可以献，此岂非《西厢》第十六章立言之志也哉，而岂乐广卫玠扶病清谈之所得通其故也乎？知圣叹此解者，比丘圣默大师、总持大师、居士贯华先生韩住、道树先生王伊，既为同学，法得备书也。"而整个《第六才子书》引述友人王瀚的言论甚多，共有二十余处。大致可分为几类：一是王瀚对《西厢记》的评价，二是王瀚对《西厢记》

金批的评价，三是王瀚闲居之言对圣叹文艺思想的启发，四是圣叹述说两人数十年如一日的友谊，如《闹简》第十一节【石榴花】夹批，《拷艳》总评；五是王瀚谈天说地的精彩语录。在上述五类中，至少前三者可视为王瀚直接、间接地参与《第六才子书》批评工作的力证。

《闹简》第十一节【石榴花】夹批："吾友斲山王先生，文恪之文孙也。目尽数十万卷，手尽数千万金。今与圣叹并复垂老，两人相怜如一日也。……斲山读尽三教书，而不愿以文名；倾家结客，而不望人报；有力如虎，而轻裘缓带，趋走扬扬；绘染刻雕、吹竹弹丝，无技不精，而通夜以佛火蒲团作伴。今头毛皑皑，而尚不失童心；瓶中未必有三日粮，而得钱犹以与客。彼视圣叹为弟，圣叹事之为兄，有过吴门者问之，无有两人也。嗟乎，未知余生尚复几年。脱诚得并至百十岁，则吾两人当不知作何等欢笑；如或不幸而溘然俱化，斯吾两人便甘作微风淡烟，杳无余迹。盖斲山二十年前曾与圣叹诗，早便及之，曰：'风雷半夜吴王墓，天地清秋武相祠。一例冥冥谁不朽，早来把酒共论之。'今圣叹亦是寒鸟啁啾，不望故群，故时时一念及之；岂犹有意互相叹誉，为荣名哉？"

这段话可以说是研究金圣叹与王斲山关系的重要文献，但首句"吾友斲山王先生，文恪之文孙也"，便给后世学人留下无穷隐患。直至查阅了苏州《王氏家谱》，才解开三百年谜团，还斲山其人本来面目。王学伊，原名伊，字公似，号道树，明末岁贡生，入清为遗民，隐居苏州胥门之郊，终身不入城市。为王斲山幼弟，现代昆曲大师王季烈之九世嫡祖。在金氏著述中出现的诸王，除了王斲山，便数王道树最为频繁了。如《圣人千案》自序、金批

《西厢》各有一处，《释孟子》有五处，《杜诗解》有八处，《鱼庭闻贯》有三处，由此可见，二人之间的情谊也是极为浓厚的。

大约正是在此段时间之际，金圣叹就开始着手继续批点《左传》《战国策》《孟子》《史记》等书。《读第六才子书西厢记法》："《左传》《史记》亦纯是此一方法。最恨是《左传》《史记》急不得呈教。"《借厢》总评对"《孟子》七篇有其奇峭，《国策》有其匝致"的夹批："圣叹别有《批孟子》《批国策》欲呈教。"

而其友徐增也曾致信给友人王学伊，二人谈及打算购买金圣叹所批点的《西厢记》一书。徐增在《答王道树》中说："……弟不到唱经堂十年矣，茫茫大海，未知适从。敢请道树明以教我两日，买得《第六才子书》，寝食与俱。"然而，徐增《答王道树》写作时间难以确考。将其先后所撰《送三耳生见唱经子序》《〈天下才子必读书〉序》与《答王道树》对读，则大致可以推断徐增之会金圣叹主要有三次：崇祯十七年为第一次，顺治五年为第二次；由于前两次仅相隔四年，故"逾八年得一相见"之说必为第三次，至顺治十四年恰为"逾八年"，故徐增"不到唱经堂"的下限当为顺治十三年。

清顺治十六年（1659）当金圣叹五十二岁之时，无论是他评点《水浒传》，还是借《西厢记》来抒发自己心中的向往，金圣叹的评述著书活动都是他自我的一次审美的体验和精神的寄托，以及自身价值的表现。据说金圣叹的评书活动在自己的生活中已经成为了一种自然而然的习惯，评书活动早已悄悄地被生活化了。他的好友徐增在《天下才子必读书序》中，曾对金圣叹评书化的生活进行了一番生动而真实的记录："圣叹性疏宕，好闲暇，水

边林下，是其得意之处；又好饮酒，日辄为酒人邀去，稍暇，又不耐烦。或兴至评书，奋笔如风，一日可得一二卷，多逾三日则兴渐阑，酒人又拉之去矣"这是金圣叹的好友徐增对他性情真实细致的描写。这一年，金圣叹由于深感"人生一世，草生一秋。"嗟乎！意尽乎言矣。夫人生世间，以七十年为大凡，亦可谓至暂也。乃此七十年也者，又夜居其半，日仅居其半焉。"（《水浒传》第十四回回首总评），因此金圣叹一改往日作风，闭门评书，挥汗如雨。可是当他把所有的书都评点好了，并且刊行流传开来的时候，他却突然发现很多人对自己评书的活动褒贬不一，有人赞扬，有人诋毁。其中赞扬者多为社会下层文人，而对自己诋毁的人多来自上层有身份有地位的名流。于是金圣叹可谓亲身感受到了这种种不公正批评所带来的巨大压力，尤其是对自己这样一位有着"读书种子"之称的天才的评点结果的否定，更让他久久无法释怀。早年在他四十一岁时他就曾感叹道："其书一成，便遭痛毁，不惟无人能读，乃至反生一障"（《随手通·南华字制》）。于是在此时五十余岁之际他更加愤怒："我辈一开口而疑谤百兴。或云立异，或云欺世。"（《葭秋堂诗序》）金圣叹敢于面对这样来自社会各个方面的批评，但是他却不愿意这样不被当时的世人所理解，真可谓"伯牙已存，子期何在？"啊，于是不得不发出"天地之大，谁是知音？"的悲痛呼唤！可是，另金圣叹万万没有想到的事情就这样悄悄发生了。这一年冬天，满清朝的最高统治者顺治帝曾向木陈忞问及金批《西厢》《水浒》之事。据木陈忞《奏对别记上》记："上曰：'苏州有个金若采，老和尚可知其人么？'师曰：'闻有个金圣叹，未知是否。'上曰：'正是其人。他曾批评得有《西厢》《水浒》，议论尽有遐思，未免太生穿凿，想是才高

而见僻者。'师曰：'与明朝李贽所谓'卓吾子'者同一派头耳。'"金圣叹不曾想到，正当自己满天地寻找知音的时候，当时满清朝的最高统治者皇帝对自己竟然如此大加赞扬，赏识自己的才华。清顺治十七年（1660）正月，友人邵点自京城归，向金圣叹叙说了顺治帝对《才子书》的好评之后，当他想到"何人窗下无佳作，几个曾经御笔评"时金圣叹瞬间不由得感而泣下，他深感知遇之恩，猛然跪下向北口头诺干，继而赋感激诗八首。其《沉吟楼诗选》有《春感八首》。诗序曰："顺治庚子正月，邵子兰雪自都门归，口述皇上见某批《才子书》，谕词臣'此是古文高手，莫以时文眼看他'等语，家兄长文具为某道。某感而泪下，因北向叩首敬赋。"第七、八两首分别是"为邵子兰雪"和"为家兄长文"作。其中第四首写道：

> 一江春水好行船，二月春风便到天。
> 尽卷残书付儿子，满沽清酒酌长年。
> 半生科目沉山外，今日长安指日边。
> 借问随班何处立，香炉北上是经筵。

这首诗颇能表现圣叹欢喜的心情。得知顺治皇帝的夸赞后，圣叹满怀期待要被朝廷下诏征往京师供职翰林了。此时他心中也许会想到自己的同乡尤侗。尤侗"少补诸生，以贡谒选"，"初，世祖（即顺治皇帝）于禁中览侗诗文，以才子目之"。尤侗被顺治皇帝称为"才子"，我金圣叹不仅是才子，还被皇帝称为"古文高手"，尤侗既已因此被召入京供职，则我入京供职之期不也到了吗？金圣叹心中难免不作此想。他的"感而泪下"，包含着忽遇知

己的感激，三十年来无人赏识的辛酸，理想即将实现的兴奋，种种复杂的感受交集在一起，所以不禁喜极而泣。

清顺治十七年二月，徐增撰文送友人拜访金圣叹。此际时人骂金圣叹为魔之声已经开始稍微缓和了一些。据徐增《送三耳生见唱经子序》：

庚子春仲，一日，三耳生突如其来，曰：'我欲见圣叹先生。'余曰：'我爱子，慎毋见圣叹先生为也。'三耳生曰：'何居？'余曰：'圣叹先生，乃一世人恶之忌之、欲痛绝之者也。从其游者，名士败名，富人耗财，僧家则无布施处；其为祟也大矣……'余曰：'子果何见而欲见圣叹之切乎？'三耳生曰：'我见世之贬圣叹者，不但欲杀之，而必使之入十八地之下而后已；间又见称圣叹者，若恐形容之不尽，而非推之到三十三天之上而不快；夫一人能使人极其赞、极其贬，必非常人也！'余曰：'此得之愚揣。'……余曰：'吾后来不骂圣叹而赞圣叹故也。二十年人尽骂圣叹为魔，如是者数年，……又五年戊子，再同圣默见圣叹于贯华堂，而始信圣叹之非魔也。不禁齿颊津津，向诸君子辨其非魔。一时至友辄怪予，曰徐二园着魔。余曰：此皆爱我之人也，我感之。虽然，十年后骂圣叹者当定，则人之骂余亦定，且以余为虫鸟识风气之先也。至今日，而余言亦颇验矣。盖圣叹不好名人也，骂之不惊；又无我人也，骂之不揽取；又不适用之人也，譬如五石之瓠，大而无当，浮之于江河则得矣，而欲举之则坚而不能也。人但请之说法，则应。除说法外，又极闲，人召之饮酒，则应；其它世法中事，则掉头不顾。又性不喜见贵人，干旄临门，罕见其

面；又不报谒，人多尤之。人盖无有不爱惜其羽毛者，与圣叹相接，则不列于人，于是惟恐少沾其气息，务必骂之，遂同声附和，而初不知圣叹之如何当骂也。圣叹负从来未有之奇，目中所未见之人故疑之，疑之不解，结而为骂；人或有信之，信之则见我不如圣叹也，心又忌之，忌之则势亦必至于骂。于是，举世无有不骂圣叹者矣。吾尝恨天何必生圣叹而使人费唇舌也，又恨圣叹何不生于三千年前而生于今日，为人费唇舌也。自见圣叹后，辄思天生是人，必有所用之处，岂供人骂者？然圣叹正欲人骂，尝曰："我为法门，故作狗子。狗子则为人所贱恶，奔竞之士决不肯来，所来者皆精微澹泊、好学深思之人也。不来者邀之不来，已来者攻之不去。我得与精微澹泊、好学深思之人同晨夕，苟得一二担荷此大事，容我春眠听画看声了也。"今之从其游者，其先皆同仇雠，乃知不骂圣叹者与圣叹，骂圣叹者与圣叹有缘，大骂圣叹者与圣叹大有缘。盖圣叹夙生福本深厚，故缘之大有如此。今之赞圣叹，即前日之骂圣叹之人；然则今之有骂圣叹者，即后日之大赞圣叹之人也。吾所以惟恐人不骂之，故问子曾骂过否也。'三耳生曰：'有不骂圣叹而遂喜圣叹者否？'余曰：'有。吾友中有龙门子，在我案头读《第六才子书》，曰吾见圣叹，当作八拜礼，先四拜以表平日向慕之心，后四拜则拜其批此《第六才子书》也。'……三耳生曰：'在何处见？'余曰：'不在唱经堂见，在三千大千世界中见，譬今之桃花如是红，李花如是白，山如是青，水如是绿，光如是放，声如是响而已。圣叹既无一处不现身，则无一处不可见。吾尝于清早被头，仰观帐顶，圣叹宛然；尝于黄昏灯畔，回看壁影，圣叹宛然；尝于梁溪柳岸，见

少妇艳妆，圣叹宛然；尝于灵岩雨窗，闻古塔鸟声，圣叹宛然；乃至风行水活、日暖虫游，圣叹无不宛然者：此吾之见圣叹法也。'三耳生瞿然曰：'如子言，则余见圣叹不啻久矣熟矣！吾五年来修普贤万行，在在处处皆是菩萨，我今乃知在在处处皆是圣叹也。'余曰：'果若是，不独子已见过圣叹，而圣叹亦熟见吾子，而我亦不必作文送子矣。'三耳生曰：'请留此，以志见圣叹先生因缘。'遂录之而去。

接下来，自这一年二月八日起，金圣叹开始为子金雍解说唐诗七律；他自己口述，而儿子金雍作以笔录。《选批唐才子诗》序："顺治十七年春二月八日，儿子雍强欲予粗说唐诗七言律体。予不能辞，既受其请矣。"直到四月间，这本《选批唐才子诗》初稿才历时两个月而最终完成。《选批唐才子诗》序："至夏四月望之日，前后通计所说过诗，可得满六百首。"金雍《选批唐才子诗》卷末"补注"："顺治十七年四月十八日，说唐人七言律诗竟。"但是这本《选批唐才子诗》的问世过程倒是很快，这一年五月，金圣叹就住进了太湖之滨他三女儿的家里，潜心修订了《选批唐才子诗》，稍后便开始刊行问世。金圣叹自己也在致嵇永仁书中说道："弟自端午之日，收拾残破数十余本，深入金墅太湖之滨三小女草屋中，对影兀兀，力疾先理唐人七律六百余章，付诸剞劂，行就竣矣。忽童子持尊书至，兼读《葭秋堂五言诗》，惊喜再拜，便欲挐舟入城，一叙离阔。方沥米作炊，而小女忽患疾蹶，其势甚剧，遂尔更见迟留。因遣使迎医，先拜手，上致左右。"

徐增《天下才子必读书》序："庚子，评《唐才子诗》，乃至

键户，梓者满堂，书者腕脱，圣叹苦之。"

金雍《鱼庭闻贯》凡例："雍既于今年二月吉日，力请家先生上下快说唐人七言律体，得五百九十五首，从旁笔受其语，退而次第成帙矣。既复自发敞篋，又得平日私抄家先生与其二三同学所有往来手札，中间但有关涉唐诗律体者，随长随短，雍皆随手割截，去其他语，止存切要。"

此后，同时代的学人张芳便致书陈允衡，盛赞了金圣叹评选唐诗及其他各书。据张芳《与陈伯玑》："近传吴门金圣叹分解律诗，其说即起承转合之法，亦即顾中庵'两句一联、四句一截'说诗之法也，弟久信之。今得此老阐绎，可破世人专讲中四句之陋说。而王、李一派恶套诗，大抵不明于此说，以至村学究岔气狺声，涂膏缀扇，往往使人捧腹也。但圣叹以前未闻于艺苑，为人大概，想伯老必稔知之。其人评辑诸说家，大有快辩，而传以禅悦，故能纵其才情之所至。独《左》《史》诸评尚未传到，不审宗趣若何，弟深欲闻之。"此札上有周亮工眉批："菊人亦圣叹知己，惜此札圣叹不及见矣。"

张芳，字菊人，一字鹿床，号淡翁、祴庵，镇江句容人，江宁籍。顺治九年进士，历官常宁、宜江知县，旋引疾归。周亮工评之："张菊人罢官后，并四壁亦无。文人作吏，能自刻苦，高品无第二人也。"（《尺牍新钞结邻集》）陈允衡，字伯玑，号玉渊，江西新城人。久寓南京、芜湖。顾中庵指顾梦麟，字麟士，号织帘，一号中庵，太仓人。明崇祯六年副贡，集三吴名士为"应社"，为时所宗。

综上，我们可以看到在明清鼎革之际，乃至其后，金圣叹确实选择了一条基本上不同于其他处于明清易代之际的封建读书人

之路。虽然他的心中充满了对当时动荡不安的时局的关心和担忧，他也痛恨封建王朝的统治者为了其自身阶级的利益而给普通百姓所带来的流离失所、骨肉分离的丑恶行径。但是他并没有像一位内心充满斗志和反清情绪的封建文人士子那样，心怀明朝，而奋起反抗满清政府的统治，抛头颅、洒热血，像这些有志之士一样勇于前往。与此同时，金圣叹也没有像那些满心服从满清政权统治，接受"顺民"的封号，而是选择了一条异样的人生道路，即他在明清鼎革之后，采取了一种处于政治生活边缘的心态，有点类似于儒家所谓的"中庸之道"。当我们考察金圣叹的人生经历之时，可以很清楚地发现，他以文会友的活动更加频繁和显著地发生于明清易代之后，在这段长达十余年的时间里，他多次写诗，赋诗，赠诗，以文会友，把酒共论人生。而这，也或许正是生活在此时期的金圣叹最为本真的生活状态和精神心理。

（五）天妒英才，巨星陨落

清顺治十八年，公元 1661 年，顺治帝福临猝崩，在他死后的三个月之内，"奏销案"、"明史案"等相继发生。尤其是"明史案"开了清代文字狱的先河，历时一年之久，受到牵连的人竟然足足达到千人之多，处死二百余人，妻子等家人皆被流放。而与金圣叹有关联的"哭庙案"却正是"奏销案"的序幕。据民间传说，金圣叹的死亡过程倒是充满了戏剧性和幽默性的，在这里，我们不妨先来看看民间是如何流传金圣叹这次被杀事件的始末缘由的。吴县发生的"哭庙"一案，事情的起因是由一位小县官引起。顺治十七年（1660），金圣叹所在的吴县地区来了一个新县官，这个县官不但对欠税者滥用重刑，还贪污公款，在百姓中声

名狼藉。次年，顺治帝的死讯传到苏州，吴县秀才们在文庙聚集"哭庙"，复涌至巡抚大堂，市民从者达千余人，要求驱逐知县任维初。官府却以秀才煽动大批市民围困官府，诽谤朝廷的罪名上报朝廷，朝廷对此感到非常震惊。马上下旨："广捕，严惩！"，因此苏州的地方官府立即出动大批士兵，前来孔庙抓人。

传说，当时苏州地区一个布商的儿子，十九岁的沈大来这天正巧路过孔庙之前的广场，突然看到人群像炸开的蜂窝似的四散逃命，这个布商小贩也随即挑着担子没命地逃跑，货物掉在地上也顾不得捡回。这个年轻人平时就有围观的习惯，每逢见到路边有江湖人卖艺，市民打架，疯子过街一类的事情，总要彻底看个明白，其实这也不是什么大错误，此时还在伸头四处张望他，一点也不知道眼前的凶险。突然，几个官兵就迎面冲了过来，他这下慌了，躲闪不及，一根铁链迎头一套拉了就走，可见，当时苏州地区的官府因这次"哭庙"活动而采取的抓捕行动涉及的范围也是极其广泛的，就连过路人也不能轻易放过，真可谓"宁可错抓千人，也不可使一人漏网"啊！自古以来，在老百姓的头上，高高地悬着看不见摸不着的一把无形的宝剑，这把剑的名字就叫做："王法"，天大的胆子也不敢去触犯。有时，这把剑自己也会落下来，落到谁的头上谁就要倒霉。

第二天，两个县差来到金圣叹家中送上公文，要传金圣叹去府中问话，正巧金圣叹此时正在上厕所，听到差人前来，一肚子的不高兴，慢慢悠悠地半天也不肯出来，急得差人前来敲门，金圣叹随口就说道："你是公人，我也是恭人，急什么？"差人也不理会，随后，金圣叹与差人几个人上路而去了。当初，金圣叹和另外几个秀才们并没有把这件事情当作一回事，认为自己没有错

在哪里，至多受几天罪而已。那位布商的儿子被关进牢中之后，家人四处奔走，送钱，牢头等人趁机大敲竹杠。两个多月过去了，丝毫没有放人的迹象。这下，金圣叹开始着慌了，这几天他细盘算一番之后，也吓出一身冷汗。自古以来，官府深如海，历代冤假错案层出不穷，新皇帝上台，纠正上届错案，自己再制造，一代一代类推下去，一代比一代凶残，一代比一代残酷。

时间很快就到了这一年的秋季，天高气爽。金圣叹和十八位秀才等121人被定斩首，这时，金圣叹的心反而坦然了下来。而在死亡面前，金圣叹依然保持了自己名士的风范，临刑前留下一封家书，狱卒担心里面有诽谤不敬的话，将之呈送长官，官打开一看，里面写的是这样一句话："盐菜与黄豆同吃，有胡桃滋味，此法一传，吾死无恨焉。"官哭笑不得。即使在刑场上，他也泰然自若，并向监斩官索酒畅饮，饮罢大笑，说："割头，痛事也；饮酒，快事也；割头而先饮酒，痛快痛快！"

据说，金圣叹在临刑前还有一副"绝命联"，其曰："半夜二更半，中秋八月中"。这件事情还具有一定的来历，金圣叹在"哭庙"案被冤杀的三年前，刚刚批点完了《水浒传》《西厢记》，便走进报国寺信步小憩。一天夜里，已批书成癖的他，躺在床上辗转反侧，到了半夜乃毫无睡意，便披衣秉烛去见寺里方丈，想借佛经予以批点。鹤发童颜、长须飘飘的老方丈得知其来意后，慢条斯理地说："想批书可以，我有一个条件在先，我出一联，如你能对出，即取出佛经让你批点，否则请恕老僧不给脸。"当时正值半夜子时，忽听外面"笃笃"几声梆子声，老方丈灵机一动，脱口说出了上联。可金圣叹冥思苦想，绞尽脑汁，就是对不出下联来，只得抱憾而归，一直郁记在心。三年后，金

因"哭庙"案被判斩杀。刑场上，刚逾知天命之年的金圣叹，泰然自若，临刑不惧，昂然地向监斩索酒酣然畅饮，边酌边说："割头，痛事也，快事也；割头而先饮酒，痛快痛快！"其心爱的儿子痛不欲生，呼天抢地、泪流满面地赶到刑场，与慈父诀别。他看见儿子哭得泪人似的，劝慰道："别哭了，告诉我今天是什么日子?"儿子哽咽着说："八月十五日，中秋。"听到"中秋"二字，金圣叹突然仰天大笑，高兴地说："有了！有了！……中秋八月中。"并要儿子马上去报国寺告诉老方丈，他对出了下联。可是，一代文坛巨子，再也不能为佛经批点了。当儿子金雍赶回刑场的时时候，已经是行刑在即，见到此情此景，金圣叹的儿子更是悲痛万分，金圣叹安慰儿子说："哭是没有用的。来，我出个上联你对对看，上联是'莲子心中苦'。"儿子跪在地上肝胆欲裂，哪有心思想对联。金圣叹稍思索一下说："起来吧，别哭了，我替你对下联。下联可对'梨儿腹内酸'。"旁听者无不唏嘘，在这里，上联的"莲"与"怜"谐音，意为看到儿子悲戚之状深感可怜；而下联的"梨"与"离"谐音，意为与儿子永别心中酸楚万分。

那年的雪下得比较早，行刑前下起雪来，金圣叹高声吟了一首诗："天悲悼我地亦忧，万里河山带白头。明日太阳来吊唁，家家户户泪长流。"吟罢，金圣叹人头落地。那头滚出数丈，从他的耳朵内抛出了两个纸团，监斩官将纸团打开一看，一纸团上写的是"好"字，另一纸团写的是"痛"字。两个字既是他对人民深重灾难的呼号，也是为自己不幸的哀叹。时年五十四岁。

当苏州秀才哀婉地"哭庙"，恭顺地"跪进揭贴"时，大概不会想到为民请命，举报贪官也会有杀头抄家的大祸。金圣叹当然

也没有想到，他腰斩了《水浒》，没想到自己也被"腰斩"。故当时苏州有民谣唱道："天呀天，圣叹杀头真是冤。"

众所周知，像这样民间流传的故事在一定程度上当然会充满各种各样的传奇性色彩，我们在这里倒是不必全信，可是我们却从这些故事里面或多或少可以看到金圣叹死亡的一些信息以及苏州地区人们对他的同情和惋惜。其实，关于金圣叹被满清政府"砍头"之事，其整个事件的发生过程应该是这样的：当时，谁也不曾想到，包括金圣叹自己，在刚刚受到满清皇帝的知遇之恩时，可是造化弄人，当他五十四岁时，清顺治十八年正月，顺治帝突然驾崩。二月初一，哀诏至苏州，金圣叹无奈只能作诗悼念这个曾经赏识自己才华的"知音"。《沉吟楼诗选》有《辛丑春感》一诗：

> 入春春望转萧条，龙卧春寒不自聊。
> 正怨灵修能浩荡，忽传虞舜撤箫韶。
> 《凌云》更望何人读，《封禅》无如连夜烧。
> 白发满头吾甚矣，还余几日作渔樵。

显然，金圣叹对赏识自己的顺治皇帝的突然去世，在这首诗中表现出了自己心中极度的失望之情："满头白发吾甚矣，还余几日作渔樵。"太瘦生从此已成白发翁了。而随着顺治帝福临猝崩，使得原本就动荡不安的江南局势更加显得紧张。福临在遗诏中陈述了十四件事情以来罪己之过。其一曰："朕以凉德承嗣丕基，十八年于兹矣。自亲政以来，纪纲法度、用人行政，不能仰法太祖、太宗谟烈，因循悠乎，苟安目前，且渐习汉俗，于淳朴

旧制日有更张，以致国治未臻，民生未遂，是朕之罪一也。"其五曰："满洲诸臣，或历世竭忠，或累年效力，宣加倚托，尽厥猷为，朕不能信任，有才莫展。且明季失国，多由偏用文臣，朕不以为戒，反委任汉官，即部院印信，间亦令汉官掌管，以致满臣无心任事，精力懈弛，是朕之罪一也。"这些似乎都给世人透露了这样一些消息：在这位年青的皇帝临终之前，正在承受着来自满洲贵族集团的巨大压力，而不得不对自己相对温和的汉族士人的政策作出忏悔。同时，这篇遗诏也可以看作是这样一个可怕的信号：汉族士人即将迎来一个可怕的严冬。果然，此后的三个月内，"奏销案"、"明史案"相继发生。"奏销案"以催缴未完成的钱粮为由，而实行强化政策，摧折士气。据邵长蘅《青万门籬稿尺牍》记载，仅苏州、松江、常州、镇江等地，就有一万余人受到朝廷官府严厉的处分，被逮捕的人达到三千余众，一年时间里，鞭扑纷纷，衣冠扫地，学校为之一空。"明史案"开始了清代文字狱的先河，历时一年之久，受到牵连的人达到上千余众，狱决，处死二百多人，妻子等人全部被流放。而根据章有谟《景船斋杂记》："奏销一案，以诸生抗粮而起，庠序一空，……江苏因朱抚军国治之酷，其祸尤甚云。"此抗粮的诸生当中，就包括金圣叹；而朱抚军国治，就是制造"哭庙案"，杀害金圣叹的刽子手。初四，苏州诸生因吴县知县任维初贪酷虐民而群聚哭庙，金圣叹参与其事。

顾公燮在《丹午笔记·哭庙异闻》中记载："十七年十二月朔，山西人任维初，由贡生为学谕，迁秩县令。……维初所得三千余石，付县总吴行之出粜。当是时，即三尺童子皆怀不平，而朱抚正起奏销案狱。二月初一日，世祖章皇帝哀诏至苏，府堂设

　　幕，哭临三日。每日清晨，抚院朱、按院张凤起、道台王纪，及府、州、县并郡中绅士、孝廉咸在。初四日，倪用宾等哭庙，薛尔张作文，丁紫涧于府教授程翼苍处请钥。……紫涧既请钥，从而至文庙者诸生百余人，鸣钟击鼓；即至府堂，乘抚、按皆在时，跪进揭帖，相从而至者千有余人，号呼而来，皆欲逐任知县也。抚大骇，叱左右擒获。众见上官怒，各鸟兽散，止获十一人：倪用斌、沈玥、顾伟业、来献琪、丁观生、朱时若、朱章培、周江、徐玠、叶琪，偕任维初发王道研审。……十一人拘于府治之亭中，任拘于土地庙，金圣叹有'十弗见'之笑焉。"而到了这一年四月，哭庙案发，二十六日增捕圣叹等七人，解送江宁。

　　也据顾公燮《哭庙异闻》载："……十一人拘于府治之亭中，任拘于土地庙，金圣叹有'十弗见'之笑焉。教授程公参任六款，（二月）初五日抚将拜疏……二月十一日具题。其时，适有金坛叛案、镇江失机二事，于是遂奉钦差侍郎叶尼、理事官英拏、春沙、海勒布等公同确审，拟罪具奏。……前程公六案，有云号哭者数千人。抚深恨之，属四大人穷其事。程公不获已，唤门斗供出丁子伟、金圣叹二人。……四月廿六日，严檄唤丁、金二人，廿七日起解至省下。……丁、金至，见四大人，各夹四夹棍、打三十。圣叹呼'先帝'，四大人怒曰：'今上初登极，乃呼先帝，以诅圣躬耶？'掌三十，下之狱。……（六月）二十日钦奉密旨，倪用宾等十八人俱着处斩。……部文至半月，抚之所以不即处分者，因有至秋用刑之例。初七、八间，又奉特旨赦金坛一人，抚大恐，恐放虎出柙，自贻后患，而欲杀十八人之案愈决矣。"

　　韩菼在《翰林院编修文林郎候补京职钱先生行状》也说：

（钱中谐）"初举进士时，吴县任令者，盗钱粮至数百石，为诸生讦。上官有右之者，闻于朝，遣大臣至江宁会讯。将兴大狱，勒学官具报诸生名至千余人。时学官程先生翼苍，故翰林谪官。先生微服夜访，劝勿株连。程出一纸，犹四十余人，皆吴中望族，曰：'奈何，吾不堪严刑，以脱诸生死也。'先生曰：'原报千余人，今总不及数，严刑亦未免。何若以一身救阖郡诸生命？且上官或听公，可冀万一。'程感悟，及赴讯，如先生指，仅置十八人于法。程归，拜谢曰：'公幸教我！'"

而据佚名《辛丑纪闻》引会审"奏疏"，朱国治给金圣叹定的罪名是"为首鸣钟击鼓，聚众倡乱"。"奏疏中口供，皆非实据。抚臣为稿，文致其辞，四大人署名而已。"由此可见，在官府眼中，金圣叹所犯之罪当然是不可饶恕的。就这样，金圣叹银铛入狱，在狱中生活的日子里，他曾经作过一首诗，感慨自己衔冤负屈，其中有"名花尔无玷，亦入此中来"一句。（详见《沉吟楼诗选》之《狱中见茉莉花》）

金圣叹在入狱之前，曾因酒醉而纵谈《古诗十九首》之《青青河畔草》一首诗。赵时揖在《贯华堂评选杜诗总识》里说："邵兰雪讳点云先生解杜诗时，自言有人从梦中语，云诸诗皆可说，唯不可说《古诗十九首》。先生遂以为戒。后因醉后纵谈'青青河畔草'一章，未及而绝笔矣。'明夷'辍讲、'青草'符言，其数已前定矣！"

所谓"明夷"辍讲，是指金圣叹"讲《易》至'明夷'而止，即乾、坤两卦，便有十万余言，其稿金长文讳昌藏之。"

而在金圣叹临难前，他也作绝句诗三首，分别留赠给堂兄金昌、儿子金雍和友人周令树。后来所辑刊的《沉吟楼诗选》有其

临终绝句诗三首，其一，《绝命词》曰：

鼠肝虫臂久萧疏，只惜胸前几本书。
虽喜唐诗略分解，庄骚马杜待何如？

其二，《与儿子雍》自注曰："吾儿雍，不惟世间真正读书种子，亦是世间本色学道人也。"《临别又口号遍谢弥天大人谬知我者》：

东西南北海天疏，万里来寻圣叹书。
圣叹只留书种在，累君青眼看何如？

其三，《鱼庭闻贯·答周计百令树》："承惠砚材，便付好人手开斸去矣。后来凡有点注，请皆从此砚出，不敢没知己之盛心也，感谢、感谢！……来教正与鄙意如掌中书字，独奈隔此数千里何？"

而在金圣叹这《绝命词》下也有注文："以下三首，皆先生临难时作也。"金圣叹临难前曾写下的这三首遗诗，《绝命词》和《临别又口号遍谢弥天大人谬知我》，均没有标出所示的对象。《绝命词》据其堂兄金昌《叙第四才子书》，可知是写给金昌的。而《临别又口号遍谢弥天大人谬知我》主要目的当在"托孤"。仅看诗题，似为"遍谢"普天之下喜读其书之人。然诗中"大人"一词，在旧时多为对官长的尊称；而"万里来寻圣叹书"的诗句，更只能是特指某人；至于希望对遗孤垂青相顾，这种托付也应该只是就某一具体对象而提出的。这位被圣叹称为"谬知我者"的

"大人"，对读《鱼庭闻贯》引金圣叹《答周计百令树》所云"知己之盛心"和"隔此数千里"之句，再参照嵇永仁书"遣使赉舟车之费往迎之"，遗诗中所谓"万里来寻圣叹书"的大人，当即是指上年曾派人至苏州以迎圣叹的赣州推官周令树。之所以含糊其辞，也可能是害怕连累友人。

到了这一年七月十三日，金圣叹就被斩于江宁。在其被杀之后，到了十八日，金圣叹的妻子、子女等家人都被流边，远赴宁古塔。据王家祯《研堂见闻杂录》言："具疏于朝，特敕大臣勘状。勘臣至江宁，诸生十八人皆械讯，棰数十，夹几棍，幽系牢中。狱就，骈斩于市。而郡绅顾松交予咸素与抚臣议左，抚臣心衔之。诸生之变起，抚臣始亦欲松交为调人，松交不应，于是愿得而甘心。既具疏，勘臣至，逼诸生，并牵染松交，亦即逮至江宁，同闭狱，去不死无间矣。松交好友张无近，为之行金上下，捐数万金与四辅，特批免绞并免革职，得不死而诸生斩。未斩之先，抚臣在江宁，一夕驰归。郡守余公（名廉征，浙江遂安人）午入议事，阴谕之，至晚，同郡倅领骑四出，将十八人及顾家一一抄没。男女啼号奔走，即逾墙越河者，缚之无一免，而财尽入官。舆皂及诸上官，各累累挟归。质明，将诸人送狱，黄童白发，啼哭满路，后皆流上阳堡。诸生有金圣叹者，有逸才，批七才子书，一时纸贵（《西厢》《水浒》《左传》《史记》《离骚》《楞严》唐诗）。是变为哭庙文，亦入狱，同日斩。"

顾公燮《哭庙异闻》："故七月十三日未时立秋，而于巳时，未及立秋之前，不待郎公（录者按：总督郎廷佐）归，皆弃市矣。是日也，十案共有一百二十人，凌迟廿八人，斩八十九人，绞四人，分五处行刑。抗粮及无为教案，斩于三山街，四面皆披甲围

之，抚监斩。辰刻于狱中取出，罪人反接，背插招旗，口中塞栗木，挟而趋走如飞。亲人观者稍近，则披甲枪柄、刀背乱打。俄而炮声一震，百二十人之头皆落。披甲奔驰，群官骇散，法场上惟有血腥触鼻、身首异处而已。……皆有亲人为之殓，其骸骨犹不敢归故里，恐官司有所稽察也。十四日，抚行牌至苏，仰府起解八家妻子。十八日，府中起解。凡子女之抱持者，不解；至五、六、七岁皆手扭，其长大者皆械系。当其时也，父母送其女，公姑送其媳，兄姊送其妹弟，弟妹送其姊，亦有以女而送其母者，亦有以媳而送其姑与夫者，亦有以岳而送其婿者，亦有以婿而送其岳母与舅者：哀号痛哭，声闻数里。行道之人无不寒心，泣数行下，而唾骂抚之惨刻者。……相与哀号，驱出阊关，远徙宁古塔。"

后来，在金圣叹遇害之后，他的弟子沈永启为他收了尸，奉棺于吴氏家庙中，事后归葬在吴县五峰山下西山坞。这件事情记载于乾隆《震泽县志》："顺治中，（金）采以事株累，系江宁狱，他弟子皆避匿，永启独与圣寿寺僧敦厚往诇候。采被刑，永启收其遗骸，棺殓之；复奉棺置所居吴家巷家庵中，与从兄永辰等上食，皆号哭失声：人重其气谊。"

其后，李根源《吴郡西山访古记》卷二也说："上午八时入白阳山金井坞……入博士坞，访金圣叹墓。……走遍博士坞，终不得圣叹墓。适遇一老妇，询之，云：'金墓在西山坞，非博士坞，前年吴探花重修之。'转入西山坞，经吴江史氏墓坊，山坞尽处为圣叹冢，建'清文学金人瑞墓'碑，吴荫培书。"

据有关史料记载，哭庙案中十八诸生遇难后，倪用宾、薛尔张、周江三人由邑绅顾予咸出资殓葬，其余诸位"皆有亲人为之

殓，其骸骨犹不敢归故里，恐官司有所稽察也"（《丹午笔记》）。
然而，为金圣叹收尸之人，却非具有血缘关系的亲戚，而是曾
"相与潜究性命奥窔"的学生沈永启。史料所述祭祀圣叹时"与从
兄永辰等"皆号哭失声，不仅点出重气谊者并非永启一人，还再
次印证了永辰、永卿、永荪、永筠（《鱼庭闻贯》中有关金圣叹与
诸沈讨论编选唐律诗的书信多篇），甚至还有其他尚不为后人所知
的沈氏子侄，亦并与金氏有着非同寻常、生死不渝的深厚情谊。
针对于金圣叹墓在博士坞之说，可能始于同治修《苏州府志》
"文学金人瑞墓在五峰山下博士坞"，而盛行于民国年间。但是李
根源在民国十五年三月，曾亲赴其地寻访，得出"金墓在西山坞，
非博士坞"的结论。

在金圣叹死难以后，他的诸多友人写诗悼念，舆论一片惋惜。
试举几例观之：

张锷《伤金圣叹》："白刃酬君志，青蝇阅尔躬。名终齐李
杜，身不累褒融。天厌斯文丧，时危我道穷。棘林应有伴，长夜
泣西风。"

丘象随次年撰《感逝》："隔岁吴江重泊处，低回不尽故人
伤。曾经彻夜吟诗老，那复高歌对酒狂。挝鼓祢衡三尺血，逃禅
苏晋九原霜。分明画舫山塘路，秋风秋雨只渺茫。"

徐增《唱经子赞》："末法将兴，先生出世，千圣微言，晰如
掌示。是为前知，斯文在兹。岂其法运，尚非其时。口唱大
《易》，乃至'明夷'。文昌有厄，先生当之。仲尼心伤，释迦掩
泣。麟生徒然，凤死何急？力破象法，其身何有。法破身存，亦
先生疢。无我之学，喻如虚空。三千大千，奚处不逢？天上天下，
浩浩苍苍。千秋万年，先生不亡！"

顾氏（公燮曾祖父）《吊十八人》："丁澜侠骨世无伦，哭庙焉能遂杀身？纵酒著书金圣叹，才名千古不埋沦。"

尤侗《续满城风雨近重阳》组诗之十："满城风雨近重阳，茧纸招魂满建康。一夜霖铃闻鬼哭，可知唱到念家乡。"句末注曰："金陵戮士十八人。"据尤侗《悔庵年谱》此年载："是岁奏销狱起，以'哭庙'杀士十八人。祖将军有驻防之师，苏城嚣然多事矣。"

韩程愈《论圣叹六才子文》："识论如公少，百年架秃翁。书藏犹在肆，华贯几全通。不欲分行解，空怜失始终。蕲山今老矣，吾意此英雄。"

韩洽《觱篥行》："姑苏城头月欲没，姑苏城中吹觱篥。呜咽还同蔡女笳，酸嘶不类羌人笛。……年来海宇渐承平，草泽稀闻桴鼓鸣。方拟朝堂将偃武，何烦羽檄重征兵？野老闲谈无避忌，追思祸乱何从至。单父曾非子贱才，胶庠妄起陈东议。瑕衅还同一羽轻，张皇白简奏神京。缧绁并收裴吏部，坑焚遍及鲁诸生。田房籍没无遗土，妻子羁牵作囚房。三年不雨岂虚谈，六月陨霜今目睹。是岁大旱，六月陨霜。书生白面亦何能，骈首诛夷良可矜。……"

王朝《杀金圣叹》："其时苏州有民谣曰：'天啊天，圣叹杀头真是冤。今年圣叹国治杀，他年国治定被国贼歼。'后国治抚云南，被吴三桂所杀。"

而前文所提到的为金圣叹写传的后世学者广东人廖燕时年十八岁，闻金圣叹被杀的噩耗而痛苦流涕。于是，在其《吊金圣叹先生》中说道：

诗书塞天地，斯道益蔽亏。孰具点睛手，为之抉其奇。君怀创古才，奋笔启群疑。五经尊尼父，一画溯庖羲。诸子及百家，矩度患多歧。得君一披导，忽如新相知。面目为改观，森然见须眉。直追作者魂，纸上闻啼嬉。高标七子作，分解三唐诗。其余经赏鉴，众妙纷陆离。陈者使之新，险者使之夷。昏愦使之灵，字字有余思。掀翻鬼神窟，再辟混沌基。遂令千载下，人人得所师。我居岭海隅，君起吴门湄。读君所著书，恨不相追随。才高造物忌，行僻俗人嗤。果以罹奇祸，遥闻涕交颐。今来阊阖城，宿草盈墓碑。斯人不可再，知音当俟谁？

廖燕，字梦醒，号柴舟，广东曲江人。也是一名诸生，性情简傲，为文议论纵横，颇有金圣叹风。平生仰慕圣叹，康熙三十五年至苏州，访其故居而不得，赋《吊金圣叹先生诗》，归撰《金圣叹先生传》，曰："予读先生所评诸书，领异标新，迥出意表。觉作者千百年来，至此始开生面。呜呼，何其贤哉！虽罹惨祸，而非其罪，君子伤之。而说者谓文章妙秘，即天地妙秘，一旦发泄无余，不无犯鬼神所忌，则先生之祸，其亦有以致之欤？然画龙点睛，金针随度，使天下后学，悉悟作文用笔墨法者，先生力也，又乌可少乎哉？其祸虽冤屈一时，而功实开拓万世，顾不伟耶！"惟所述多据传闻，不足为信。从"果以罹奇祸，遥闻涕交颐。"从这些诗句可以推断，当年廖燕深深为金圣叹之死而感到惋惜和悲痛的。

与此同时，在金圣叹遇害之后，也有人对其进行讽刺性的批判和辱骂，当然也主要是针对其一生的学问著作而发难的。

吴江陆文衡认为圣叹之死是"业报"，陆文衡《鉴戒》："金

圣叹所批《水浒传》《西厢记》等书，眼明手快，读之解颐。微嫌有太亵越处，有无忌惮处。然不失为大聪明人，每言锦绣才子，殆自道也。后得奇祸，不知何以遂至于是，可胜惋惜！近有人向余述其平日言之狂诞，行之邪放，曰：'此盆成括一流人也。'余为悚然。有才者不易得，才而不轨于正，业报固若是烈欤！"（《蒿庵随笔》）

陆文衡，字坦持，号中台，又号蒿庵，吴江震泽人。万历四十七年进士，官至山西右布政使，入清隐居。陆蒿庵对圣叹批书的态度，符合其正统官员的身份；听人诬蔑而悚然，亦在意料之中，惟语气较归庄平和许多，当亦是性格使然。

常熟冯班视《才子书》为蛇蝎，冯班《钝吟杂录》叙："金圣叹《才子书》，当如毒蛇蚖蝎，以不见为幸！"同书《家戒》："聪明人用心虚明，魔来附之，遂肆言无忌，至陷王难。今有人焉，金若采是也。……扶鸾降仙，道家戒之，决不可为，惹魔也，金若采全坏于此。"

冯班，字定远，晚号钝吟老人，常熟人。明诸生，钱谦益弟子，入清隐居。举动不谐俗，行市井间，里中指目为痴。其子冯武。

其中，对金圣叹批评和辱骂最为厉害的便是昆山一位名叫归庄的人，他撰文以"邪鬼"恶毒攻击，在其所写的《诛邪鬼》中如是说道金圣叹：

苏州有金圣叹者，其人贪戾放僻，不知有礼义廉耻；又粗有文笔，足以济其邪恶。尝批评《水浒传》，名之曰《第五才子书》，镂板精好，盛行于世。余见之曰：'是倡乱之书也。'

未几又批评《西厢记》行世，名曰《第七才子书》。余见之曰：'是诲淫之书也。'又以《左传》《史记》《庄子》《离骚》杜诗与前二书并列为七才子。以小说、传奇跻之于经、史、子、集，固已失伦；乃其惑人心、坏风俗、乱学术，其罪不可胜诛矣！有圣王者出，此必诛而不以听者也。至考其生平，则尝奸有服之妇人，诱美少年为生徒，而鬻之于巨室为奴。有富人素与交好，乙酉之乱，以三千金托之，相与谋密藏之。其人既去，则尽发而用之。事定来索，佯为疑怪，略无惭色。苏州人述其邪淫之事尤多。余尝见一冯姓者，知其为门人，语之曰：'幸致意君之师，有同郡归玄恭者，见其书，闻其行，必欲杀之。'其后吴县诸生与任知县相恶，巡抚中丞得知县贿，诬奏诸生十八人，尽弃之市，金圣叹亦与矣。余哀诸生而未尝不快金之死，但恨杀之不以其罪耳！昔太公诛华士，孔子诛闻人，亦为其惑世也。然二人者，非太公、孔子不能诛。金圣叹见诛于今日，非可高比华士、闻人者，当其身宜诛之以惩邪恶，既死可以已矣。顾人情喜新奇，乐淫纵，文人才士见其书者，多为所惑。一日席间，友人盛叹其才，余以其人虽死而罪不彰，其书尚存，流毒于天下将未有已，未可以其为鬼而贷之也。作《诛邪鬼》！

归庄，一名祚明，字玄恭，苏州昆山人。归有光曾孙。南明积极抗清，事败佯狂玩世。无子，晚年依族子名左臣者，居于太湖东山。所作《恒轩诗集》，充满忧国伤时的遗民意识和沉郁悲怆的爱国情怀。他对金圣叹的攻讦，即有文化学术思想上的深刻抵牾，亦是当时"正人君子"对金圣叹道德形象妖魔化的必然结果。

其实，以归庄的才气和怪诞，他与金圣叹本应该惺惺相惜的。

吴县翁澍撰《秀才冤》睥睨穷士，翁澍《今乐府·秀才冤》："穷措大，素放诞，注稗史，狎词翰。县令不可犯，犯上疑作乱。况当国殇时，抚军疏背叛。十八儒生命似鸡，罪及妻孥尽流窜。贵者免，富者泮，独有宫墙坐涂炭。县令旋遭天命诛，抚军首被吴藩断：秀才冤，眼前判！"

翁澍，原名天澍，字季霖，号东老，吴县太湖东山人。出身富商之家，不事科举，喜交四方之士。所撰《秀才冤》虽对十八诸生惨遭杀戮表示同情，然以富人口吻对穷秀才金圣叹颇有睥睨之意，首四句流露出对金氏身份、人品和事业的轻视。翁澍与同里金侃友善，侃为归庄女夫，翁、归因此相识。归庄曾受翁澍之请，作《汇刻江南春词序》，赞其"工诗词，善鉴赏，收藏古书画甚多"。此当为康熙八年，"乙酉冬，余至东洞庭山，主翁季霖氏"作东道主时所为。归庄撰《诛邪鬼》痛斥圣叹，与翁澍《秀才冤》的口气固然有百步、五十步之别，然自有其相通之处在。

在金圣叹被杀之后，给后人留下了深深的遗憾。十余年之后，在苏州地区仍然流传着这样的民谣："天呀天，圣叹杀头真是冤。今年圣叹国治杀，他年国治定被国贼歼。"表达了人们对于金圣叹被清政府冤杀的愤恨和同情。邱炜曾经如是感叹道："尝谓天苟假圣叹以百岁之寿，将《西游记》《红楼梦》《牡丹亭》三部妙文一一加以批评，如《水浒》《西厢》例然，岂非一大快事！"英才陨落，万人悲痛，但是难免还有少许封建政权的卫道士们对金圣叹的各种非难，对其进行一系列的人身攻击和辱骂，而更加令人感到痛惜的是金圣叹的书竟然没有一本被收入《四库全书》之中，所有官修的文苑传、儒林传、乡贤传等等也都没有让金圣叹

侧身其中。可见无论是在金圣叹的生前，还是不幸被清廷砍头之后，他的命运都是如此的多舛！就这样，金圣叹这位文学史上的旷世奇才，如巨星一般陨落了！

第二章　金圣叹的真实面目

　　自一九四九年新中国建立以来，国内学术界随着当时政治形势的变化和发展，对金圣叹的评价可谓应时展开，由一般性的学术讨论慢慢演变为一种带有强烈政治性的批判。众所周知，金圣叹在文学史上，最为世人诟病的事迹，即为腰斩了《水浒传》。而他的这一行为继而也被许多"好事者"发挥和鼓吹为敌视农民起义，并为金圣叹死死地定下这一千古罪状。于是乎，反动文人的帽子就稳稳当当地扣在了他那颗已经被惨无人道的刽子手砍掉的血淋淋的头上，而反动文人更是差不多变成了他旗帜鲜明的代号！这一行径岂不让人痛哉，惜哉！一九七八年之后，改革开放的春风吹遍祖国大地，思想界的极左思想也逐渐被清除，有关于金圣叹的评价又开始朝着与之前相反的方向发展，此时，金圣叹不仅摇身一变成了一位爱国志士，而且又是一位在封建文化史上举足轻重的启蒙思想家，前后这两种评价真可谓"差之千里"也。但是，无论是建国时期对他的大肆批判还是改革开放后对其一味的肯定，我们都可以很清楚地看到立论双方的逻辑起点和批评手法，即过分地注重对自己立论观点有利的相关资料，而且并不加以认真的辨别真伪，必要时更是为了逢迎时代的要求而随意曲解资料以满足自我的需要，而对于与自己论点不相符合的资料一概视而

不见，这种文学批评的方法在很大程度上有失公允，不足以帮助我们真正认识金圣叹其人，因而必须坚持合理、科学的开放式和探究式的研究方法，才能够真正走近金圣叹的最为真实的人生世界！

经前章分析，我们可见金圣叹的一生既充满了奇幻和异于常人的色彩，另一方面他的一生生命的终结却又充满了悲剧性的色彩，可谓令后世读者悲喜交加。关于金圣叹因"哭庙案"被杀头的原因，文学史上历来众说纷纭，莫衷一是，更何况金圣叹的死因，更是关系到对金圣叹一生名望和文学地位的评价和估量。我们必须在了解金圣叹文学思想的同时，更要做到"知人论世"，方可正真看清一代文豪金圣叹的真实面目。

据传，金圣叹一生以幽默为主，无论是在生活中，还是在关乎到他自己一生前途与命运的科举考场上，他也时时不忘自己的幽默风趣。因而很多后世研究者将金圣叹的一生称之为"游戏人生"，也不无道理。在他奔赴刑场，即将和这个充满奇异色彩的时代告别时，在他即将和自己最为亲近的家人和文人挚友含泪话别时，他却依然笑看人生，其"临终要事"更是显得与凡世人情世故相背离。作为文学大师的金圣叹，他文笔优美，言语幽默，幽默了一辈子，连临终要事也还是幽默——大师身陷囹圄将被斩首时叫来狱卒说"有要事相告"。狱卒以为大师会透露出传世宝物的秘密或是什么惊天动地的大事，拿来笔墨伺候大师。但没想到大师的"临终要事"竟然还是幽默。金圣叹指着狱卒给的饭菜说："花生米与豆干同嚼，大有核桃之滋味。得此一技传矣，死而无憾也！"这也是大师最后一句被记录下来的话。

刑场上，刽子手刀起头落，从金圣叹耳朵里滚出两个纸团，

刽子手疑惑地打开一看：一个是"好"字，另一个是"疼"字。与此同时，金圣叹在杀气腾腾的刑场诀别自题一事，更是值得我们深入思考。是日，行刑场上，凄凉肃穆，方圆不大的一块阴森森空地，四周闪着刀光剑影，显得阴森恐怖。胸藏秀气，笔走龙蛇，蔑视朝廷的一代文学批评家金圣叹，披枷带锁，岿然立于囚车之上。刑场上，刽子手手执寒光闪闪的鬼头刀，令人毛骨悚然，不寒而栗。眼看行刑时刻将到，金圣叹的儿子望着即将永远诀别的父亲，更加悲痛，一时间泪如泉涌。金圣叹虽也心中难过，可他还是表现出一副从容不迫的样子，文思更加敏捷，为了安慰儿子，他泰然自若地说："哭有何用，来，我出个对联你来对，"于是吟出了上联"莲子心中苦"。儿子跪在地上哭得气咽喉干、肝胆欲裂，哪有心思对对联。他稍思索说："起来吧，别哭了，我替你对下联。"接着他也念出了下联"梨儿腹内酸"。旁听者无不为之动容，黯然神伤。上联的"莲"与"怜"同音，意思是他看到儿子悲切恸哭之状深感可怜；下联的"梨"与"离"同音，意即自己即将离别儿子，心中感到酸楚难忍。这副生死诀别对，出神入化，字字珠玑，一语双关，对仗严谨，可谓出神入化，撼人心魄。只见寒光闪处，伴着这惊天地、泣鬼神的千古绝唱，一代才华横溢的饱学之士、文坛巨星过早地陨落了。

（一）金圣叹是"封建文化的贰臣"吗？

关于金圣叹到底是不是封建文化的贰臣，这样一个观点，可以说由来已久。早在一九六四年，张绪荣先生在《新建设》杂志上就曾经发表了一篇题为《金圣叹是封建反动文人吗？》的文章，

这篇文章主要是针对公盾先生的《不要美化封建反动文人——关于评价金圣叹的两个问题》一文而进行商榷和辩论的，二人之间的论争可谓尤为激烈，后来也有诸多研究金圣叹的学者和文学爱好者对这二人的观点进行了一系列的辩论。在张绪荣先生的这篇文章当中，他几乎全面肯定了明末清初文学批评家评论家金圣叹，他把金圣叹看作是我国历史上有数的"封建文化的贰臣"、"封建政权的叛逆"。针对此种观点，公盾先生在自己的《再论不要美化封建反动文人——评〈金圣叹是封建反动文人吗?〉》一文当中也进行了回应和辩论。其实关于这样一个问题，主要集中在一个问题之上，那就是金圣叹到底是拥护封建反动文化呢，还是"封建文化的贰臣"呢? 这个问题，可以说是张先生主要的逻辑起点和落脚点。在文章中，张先生认为金圣叹的"生活较为清贫"，因而从金圣叹的阶级地位，生活方式和个性思想等方面来着手分析，认为像金圣叹这样的人，是很有可能倾向于革命的。当然，在我国封建社会当中，往往穷酸的秀才是在很大程度上可能会倾向于农民革命的，将金圣叹贫穷的生活现实和革命这样的活动联系起来，也似乎有着一定的道理，可是仅仅依据金圣叹是一个穷酸秀才，就认为他是一位封建文化的贰臣吗? 公盾先生正是抓住此点，以此展开反驳。据有关资料记载，金圣叹晚年经常饮酒"彻三四昼夜不醉，不事生产，不修边幅，谈禅谈道，倦倦然有出尘之致"。公盾先生认为，据此材料而言，金圣叹晚年虽然未曾飞黄腾达，却不像张褚荣先生形容的那样清贫。他认为金圣叹家境清贫与否，并不能够说明金圣叹是不是"封建文化的贰臣"。即使金圣叹是个穷酸秀才，能够说明什么问题呢? 那种认为在我国封建社会历史时期"凡革命高潮地主阶级知识分子必然都要反对革命"，

象这样不分析具体情况便加以武断，当然不对；而认为在封建时代，凡是穷秀才都"不大会与人民为敌"，甚至会成为"封建文化的贰臣"，也同样是一种主观主义的臆断。我国封建社会的历史告诉我们：在没落地主阶级的文人中间，虽然也曾产生过同情或倾向人民的封建阶级"逆子"，但是也有相当一部分人，虽然身经困屯生活，而由于他们长期身受反动思想文化教养，以致终其身甘愿充当封建文化喉舌，做封建文化的辩护士和卫道士，这在我国历史上也不是很少见的。所以，公盾先生认为穷秀才是一回事，"封建文化的贰臣"又是一回事，它俩之间绝没有什么必然的逻辑联系。把穷秀才看作就要成为"封建文化的贰臣"的论断是不对的。

另一方面，张文认为金圣叹"不失为一个洁身自好之士"，"不象是封建王朝的奴颜媚骨之臣"。针对此论点，公盾先生也举出了相当多的历史文献来进行反驳，并且认为金圣叹并非一位洁身自好之士，并不值得我们歌颂和赞扬，断言金圣叹这样的人是与"封建文化的贰臣"之间没有必然的逻辑联系。接下来，张绪荣先生认为"金圣叹的思想与封建文人的思想有分歧"，并且"终其身不为封建文人所谅解"，并以此又作为金圣叹能够成为一位"封建文化的贰臣"的又一论据。公盾先生又反驳道，金圣叹是不是"封建文化的贰臣"，主要应当从他如何对待我国封建传统文化，他所宣扬的是一些什么文化思想，以及他到底是用什么样的立场观点和方法来评点《水浒传》和《西厢记》等古典文学作品来评定，而决不能凭历史上某一个人对金圣叹责难的只言片语便作出这样或那样的判断。事实上，金圣叹也并不是"不为封建文人所谅解"的。他认为，在封建文人中，像徐增、韩贯华、王伊、

金昌、尤侗、廖燕、刘献廷等人，都是相当崇拜金圣叹的；金圣叹同时代的清朝地方官王望如对《水浒传》的评点，基本观点与金圣叹一样，他再三称颂金圣叹，认为金批《水浒传》"有功于圣人不少也"。反动小说《荡寇志》的作者俞万春，也极口称赞金圣叹对《水浒传》的批改，说什么"圣叹先生批得明明白白，忠于何在？义于何在……？"同时，为反动小说《荡寇志》作序的徐坤，颂扬金圣叹"笔端有刺，舌底烂翻，钟惺、李卓吾之徒，望尘莫及矣"。这说明在我国封建文人中，与金圣叹思想有分歧或同情金圣叹的都是大有人在的。封建文人对金圣叹作的这样那样评价的材料，我们今天在对金圣叹进行历史评价的时候当然也要加以分析研究，这些材料将有助于我们对金圣叹这个历史人物进行全面的、恰如其分的评价，因为我们从这里可以看到，在明末和清朝究竟是封建统治阶级还是劳动人民同情或反对金圣叹，在封建统治阶级和封建文人中对金圣叹到底有过什么不同的态度，这样也将有助于我们对金圣叹进行比较深刻的阶级分析。但如果仅仅以金圣叹生前或死后是否受到封建文人的诋毁或赞扬，是不能对金圣叹是否"封建文化的贰臣"和"封建反动文人"作出正确的判断的。由此可见，张文把金圣叹"生活较为清贫"、"不失为一个洁身自好之士"和"思想上与封建文人有分歧"，作为金圣叹是"封建文化的贰臣"的主要论据，都是站不住脚的，并且是违反科学推理和论证的。金圣叹到底是不是"封建文化的贰臣"，主要应从金圣叹的思想和他的创作实践，从他对封建文化的态度来判断。离开对金圣叹的思想和作为文艺评论家的金圣叹的创作实践的具体分析，光从金圣叹生活是否"清贫"，他是不是个"洁身自好之士"，以及以他人对金圣叹评价的只言片语，来作为金圣双

是否"封建文化的贰臣"的根据，那就不免要犯片面性和主观唯心主义的错误的。

我们知道金圣叹生活的时代是明末清初，这是我国封建社会政治、经济等一系列制度逐渐解体和资本主义开始萌芽的历史时期。在明代中叶，封建统治思想的内部本身就已经开始发生比较大的分歧，理学逐渐没落。当时，出现了泰州学派，就开始强调"百姓日用中"。被视为"异端"的李贽，更是张口嘲笑封建儒者和道学、理学之人，他经常在自己的文章中对儒家"六经"、《论语》《孟子》等经典著作进行谩骂和轻视，说这些书并不是什么"万世之至论"，告诫世人不能以孔子之是非为是非等等。明末清初进步思想家黄宗羲、顾炎武、王夫子等人也在不同程度上表现出了反对封建的传统思想的行为。那么金圣叹的思想当中到底有没有诸如此类反对封建传统文化的因素呢？公盾先生在此引用了很多的历史文献资料，从多个角度分析了金圣叹思想形成的诸多方面，儒家，道家，佛家，可谓诸家杂糅混合而成。并且引用金圣叹评点古代文化书籍的只言片语就轻率的划定金圣叹对孔儒们所提出的一整套理论学说是全盘接受的，对"六经"的痴迷更是到了盲目崇拜的地步！他据此而断言，金圣叹所提倡的思想正是糅杂了我国封建时代儒家、道家、佛家的封建主义中落后的东西。他虽然对世界上的一切事物抱有庄子式和佛家的虚无主义，但却十分肯定孔儒所提倡的封建道德伦理观念；他反对其他"异端"的东西，却崇尚儒家那一套适合封建地主阶级统治人民的办法。像这样的人，怎么会有反封建的思想，怎么可以把他称作"封建文化的贰臣"呢？像公盾先生所得出的这样的结论，以此来否定金圣叹思想当中的积极进步的因素，是有失偏颇的！不能仅仅为

了学术论证而轻率地列举一些"只言片语"就妄下结论，但是我们也必须注意到这二位先生写作此文的年代和时代背景，在二人文章的阅读过程当中，我们能够很明显地感受到时代因素或者说政治因素的影响。上世纪五六十年代，在我国社会受各种因素影响之下，政治环境对文学的强力介入可谓尤为明显，无论是赞扬封建文化还是批判封建文化，都是有着明显的政治目标和要求的，所以，针对二人的观点，我们应当给予同情性的理解，吸取其精华之处！

众所周知，对金圣叹的评价，是一个异常复杂，牵涉面很广的学术问题。在当下，我们来讨论和评价金圣叹，不能够简要地谈谈要不要美化封建反动文人的问题，而是应当首先从根本上来分析金圣叹到底是不是封建反动文人或者说到底是不是"封建文化的贰臣"呢？这两个问题有着千丝万缕的联系。在公盾先生的文章中，可以说他既没有对金圣叹所生活的那个时代的时代背景、社会情况和金圣叹本人的生平事迹做一必要的考察，而且也没有对金圣叹的文学著作进行深入系统的分析和研究，就对其盖棺定论，肯定其为封建反动文人，这样一个观点似乎一直就存在与公盾先生的思想之中，而对一切有利于说明金圣叹思想当中所存在的民主进步的思想都全然不顾，所提供的材料也显得不够充分，没有坚强的说服力。其实，就目前学界关于金圣叹的研究资料来分析，金圣叹并不是一位如公盾等人所言的封建反动文人！在公盾子先生的文章之中，他主要认为：其一，金圣叹批改《水浒传》的目的在于反对农民革命。其二，在反驳张绪荣先生观点的同时，毅然肯定金圣叹是封建统治者的忠实奴才，乃至金圣叹因"哭庙案"而被杀，家眷惨遭流放宁古塔也并不值得同情。因此我

们更加有必要对金圣叹其人做一了解和分析，有利于我们讨论此问题！

从前章我们对金圣叹的生平分析可知，金圣叹的家族并非什么封建社会中的名门望族，他自己一生也是过着极为艰难的贫困生活。在清兵南下之后，他更是"苦遭丧乱，家贫无资"，直至晚年，也是贫困不堪，虽然自己著书很多，但是可恨无力刊印。到批选唐诗之时，金圣叹竟然是寄居在太湖之滨其女儿家的茅草屋之中的。由此看来，生活也并非后世某些学者所言的"家财万贯"，而是依然潦倒。即使在封建社会，让诸位以追求政治功名为人生理想的读书人都肃然起敬的科举考场之上，金圣叹也往往是以游戏科场为主，乃至被黜，足见金圣叹是具有一定的反封建科举思想的，而且还付诸于自己的真实行为。到了金圣叹执意著书评说之时，他更是耗费心血，全力著书，日夜不停手中之笔，乃至须发为之尽白。由此可见，金圣叹写作的勤苦和用功。从他当时的阶级地位、生活方式和个性思想来看，像金圣叹这样的封建社会的读书人，是很有可能如张绪荣先生所言的倾向于革命的，至少在很大程度上是不太会和人民相背离的，更不会与民为敌的。其次，我们从研究金圣叹的相关资料和他的文学著作中可以看出，金圣叹对处于没落和逐渐瓦解的封建政权是具有叛逆性和对抗性的。他生活在当时的社会里，始终具有一定的正义感。从封建统治阶级的角度来看，封建社会的等级制度，长久以来所存在的封建剥削关系，是一种维护封建政权和统治稳固的制度保障和有力手段。可是在众多的劳苦人民大众看来，这样的封建关系则是非正义的、不公平的关系，因而，农民的革命运动是无可非议的，也是值得赞美的正义的行为，而封建统治阶级则将这种正义的革

命行为视为"造反"和大逆不道。金圣叹是如何看待这一问题的呢？可以说，他一生特别痛恨封建社会的贪官污吏，有时也敢于挺身而出，进行必要的反抗！在这里我们很有必要再来谈谈和金圣叹之死有关的历史上著名的"哭庙案"一事。"哭庙案"可谓是我国封建社会历史之上少有的"秀才造反"，但是这也是满清政府镇压反满文人士大夫并企图钳制封建读书人思想言论的一种政治行为。可是在历史上竟然有人望文生义，将"哭庙"二字解释为金圣叹等人向清朝大行皇帝举行所谓的哭庙，因而认为金圣叹等一大批人被砍头之事，并不值得同情，反而会使人憎恶。这样的望文生义，的的确确掩盖了满清朝在吴中地区所犯下的血腥罪行。而公盾先生也认为金圣叹的这次行为乃至结果并不值得同情和惋惜，他认为金圣叹的哭庙是为了吊唁死去的顺治帝，而且认为由于顺治帝对金圣叹有着知遇之恩，金圣叹对顺治帝感情深厚，前去哭庙，也是理所当然之事。这样的观点无疑为金圣叹的一生和人格增添了一大历史污点，使得他原本清白的政治身份变得污秽不堪。事实上，"哭庙案"是由江南地区的秀才们所掀起的对清朝统治者进行的一次示威性的反抗活动，主要是反对当时江南地区地方官的残暴统治和对人民群众的迫害，结果被地方官员利用，诬陷，勾结而造成一件历史大惨案，其惨烈程度之高，可谓骇人听闻！当时的苏州是明王朝的东南经济文化中心，可是到了明末却已经连年遭受旱灾和蝗灾，人民饥饿、贫寒交加，而且经常受到疫病的伤害，然而当时的统治者却还增加苛捐杂税，强征军饷。据载："统治者还议兵议饷无虚日"（《吴县县志》卷 64）到了清顺治初，该地更是户籍凋零，民不聊生，可是贪官却变本加厉，人民负担更重。据县志载：顺治七、八年至十二年，连岁

水旱相煎，十五年又有大水，十七年旱无收。而这年十二月，县令任维初一到任，就用严刑追比欠赋。"受杖者皆鲜血淋漓，不能起立，甚至有毙于杖下者"（《吴县县志》卷78）等等。因而"哭庙案"就是由于积怨已久的民愤而掀起的一次对朝廷和地方政府残暴统治的反抗活动，所以《金圣叹小传》的作者说："生员等困民忿鸣钟击鼓，入文庙哭泣，诸生不期而至者百余人"（见《清代野史大观》）。综上可见，哭庙只是人民大众反对封建残酷统治的一种斗争方式，而且这种方式在历史上也是具有深刻渊源的。那么金圣叹既然真的参加这次代表农民的反抗活动，足见他一向的确也是富于正义感的，他特别痛恨贪官污吏，在《水浒传》的批文当中，随处可见。金圣叹由于此事而被砍头，家眷老少妇孺皆被流放宁古塔，死后，诸多文人士大夫相继撰文悼念，其情真意切，处处流露惋惜之情。金圣叹在他惨遭遇害的前一年解杜诗曾云："君子处艰难之会，杀身成仁其正也！"。这是多么值得世人可敬的金圣叹呀！他为了人民大众而死，难道人们会忘记他吗？难道这样的金圣叹就不值得同情和怜悯吗？由此分析可知：金圣叹并非如公盾先生等诸多学者所言的封建反动文人，而是一位具有进步思想和为民请命，与穷苦的人民大众站在一起受苦受难之仁人志士，难道这样优秀的、杰出的文人之士，不值得我们由衷的敬仰和怀念吗？金圣叹可谓生得清清白白，死得尤为壮烈而且也是为了正义而死的。所以在很大程度上，金圣叹应当是有别于我们一般意义上所谓的封建反动文人的。

（二）金圣叹是清廷的奴才吗？

关于金圣叹是不是清廷的奴才这个问题的讨论，也是我们充分了解和评价金圣叹其人其业一个特别重要的问题。从现有资料分析来看，金圣叹大约是在其三十八岁左右时开始处于满清王朝的统治之下的。在此之前的明末和此后的清初，金圣叹从始至终都是作为一名生员，也就是俗称的秀才而存在的。在他的许许多多的诗文当中，我们往往可以看出金圣叹喜欢以东晋著名田园诗人陶渊明而自比的。例如他在《上元词》的后记中曾经说道："处士不幸，丁晋宋之间，身亦遭变革，欲哭不敢，诗即何罪，不能寄他人，将独与同志者一见也"。又在他的《题渊明抚孤松图》中说到：

后土栽培存此树，上天谪堕有斯人。

不曾误受秦封号，且喜终为晋逸民。

三迳岁寒唯有雪，六年眼泪未逢春。

爱君我欲同君住，一样疏狂两个身。

由此可见，金圣叹应该在主观上是对满清政权的统治所愤恨和不满的，只是有很多诗作并未曾流传下来而已。金圣叹曾经一度可恨自己未曾在人世间遇到真正的知音，遗憾他的文学评点和文学著作不能够得到人们真正的理解，所以他生活得闷闷不乐。但是到了顺治十七年正月，当他的友人邵点从京城北京归来之时，却带给了金圣叹一个特别的惊喜。邵点告诉金圣叹，清朝皇帝嘱咐他带给金圣叹几句话，如是说道："此是古文高手，莫以时文

眼看他"，此语一出，金圣叹听后可谓欣喜若狂，转身遥向皇帝所在的北方叩头连连谢恩，之后便兴高采烈地写下了著名的《春感八首》组诗，以表达满清最高统治者对自己的知遇之恩。金圣叹如是而言"何人窗下无传作，几个曾经御笔评？"于此可见金圣叹在受到满清皇帝的知遇之恩后，心情那是相当喜悦的。他甚至将自己和历史上那些著名的曾经受到历代皇帝知遇的文人大臣们相提并论。"不愿双牙鼓角喧，并辞百里薄书繁……万卷秘书摊禄阁，一朝大事属文园。勒成盖代无双业，首诵当今有道恩"。从金圣叹此时此刻的口气来看，他此时也好像自视甚高，特别相信自己能够作为朝廷的大臣，至少可以在翰林院任职，为皇帝出谋划策。在这里我们很有必要来看看有关学者对金圣叹《春感八首》的理解和阐释。我们大家都知道，金圣叹在《沉吟楼诗选》中所留下来的《春感八首》的序文中曾经写道："皇上见某批才子书，论词臣，此是古文高手，莫以时文眼看他等语，家兄长文具为某道，某感而泪下，因北向叩首敬赋。"对此，有学者认为金圣叹的这八首诗共同表现出了一种对满清顺治帝的顶礼膜拜，感恩戴德之情，可谓溢于言表；继而认为金圣叹表现出了一副卑躬屈膝，对满清新政权俯首称臣，立志为满清朝歌功颂德和效力的模样，唯恐受不到满清皇帝的"恩宠"，简直是一个具有典型性的封建文人的奴才相，完全放弃了明末遗民的高风亮节！另外更加值得我们注意的是，这些学者又有新的发现，即金圣叹在一六六一年顺治帝死去之后，急忙写诗吊唁，说什么"忽传虞舜撤萧韶"等等，也正是金圣叹《春感八首》组诗的出现和金圣叹此时的一系列表现，当然更主要的还是文学评点过程中所透露出来的政治思想，让后世学者认为金圣叹是一位真正的满清政权统治之下的忠实的

奴才！难道，事实真的就是这样吗？

对于这《春感八首》，我们只要实事求是地看待"叩首敬赋"、称"帝"称"臣"这类作为一个生活在封建社会中的文人不得不用的套语后，对全诗加以全面分析，就很难得出他对清统治者卑躬屈膝的结论。在封建社会里，一个下层的、普通的文人，一个长期被封建卫道者"同声詈之"的"异端"，"忽承帝里来知己"，当然会使他感到意外，有所感动。"何人窗下无佳作，几个曾经御笔评？"一想起他长期以来遭到的种种"疑谤"和"痛毁"，此时不能不感到出了一口恶气。他觉得自己是高尚的，而那些营营不休的卫道者是渺小的。于是，他也有点飘飘然起来，自负自己是"卧龙"式的人才。然而，在这样的社会中，"谁识磻溪王佐才？"，他也深知自己是不会为时所用的，而更重要的是，他是"进身早已畏天威"，"不愿双牙鼓角喧"，并不想去为清统治者当爪牙。他的个人理想主要就是希望有一个闭门读书的优裕环境，以最后"勒成盖代无双业"。特别是最后两首，他用十分明确的语言申明了"平生性不求闻达"，"心识松枝保岁寒"。假如说金圣叹在一种特殊的情况下开始时曾经有过一时冲动的话，那么最后也是被冷静的理智克服了，这怎么能说像一个奴才呢？

在研究金圣叹的学界，很多人都认为金圣叹是无意于功名的，也就是说金圣叹是不愿意当官的，决意仕途，这样的观点可以说以廖燕为著名代表，他在其《金圣叹先生传》里面就说道："鼎革后，绝意仕进，更名人瑞，字圣叹，除朋从谈笑外，惟兀坐贯华堂中，读书著述为务。"但是，就目前研究看来，这样的观点是值得怀疑的，也完全不符合事实情况。金圣叹在入清以后没有做

过官，这可能会有两种情况可言：其一，就是金圣叹真正是如同顾炎武等人那样铁定了心要决意仕途，不管满清政府如何邀请自己，他都不愿意出山做官，颇有陶渊明之风范；而另一种情况就是，金圣叹并不是不想做官，而是没有官可做，或者没有做上这样的官。从现有的一般研究资料来看，我认为，金圣叹在入清之后没有进入仕途的原因正是后者，而并非如廖燕所言的"鼎革后，绝意仕进"。当然廖燕的这种想法也是无可厚非的，要么是研究资料有误所致，要么就是为了为其心中所崇拜的偶像金圣叹的人格增添一笔高风亮节之气罢了。具体情况我们来看，在金圣叹的《春感八首》中，他说道：

> 三十年中蜡烛催，桂花开又杏花开。
> 至公堂下双行泪，千佛灯前一寸灰。
> 短短青蓑连夜织，萧萧白发满头来。
> 水云深处钓鱼去，谁识磻溪王佐才？

在这首诗里面，"至公堂"应该指的就是科举考场，而"千佛"则是榜上有名的中举士人。另，在其《贫士吟》这首诗的创作中，金圣叹更是将自己想做官的心情表达的淋漓尽致，他恰似范进中举似的幻想到："忽然仰天笑，明岁当成名！"接下来我们再看看金圣叹这首比较著名的诗歌《酬高三十五适人日见寄》（此诗载于金圣叹的《唱经堂才子书汇稿》）其后六句为：

> ……
> 天子虎臣此何语，老夫龙钟尚能饭。

珍重裁诗答故人。草堂不为养闲身。

但使青云求补衮，还将白发着纶巾。

这里的"虎臣"应为勇武之臣；"青云"即官场的高位和预示平步青云之义；"纶巾"当指诸葛巾，即官员所戴的帽子。六句当中，金圣叹想做官的心情应该还是能够比较清楚地看出来的，第一句是用来答诗的；第二句说自己虽然老了，但是还很健康；第四句说自己虽然住在乡下，但是并没有想退隐之意，最后两句则表明了自己的心意，只要朝廷要求他来做官，他自己即使白发苍苍，他也会戴上官帽为政的，因而说金圣叹在"鼎革后，绝意仕进"是明显有误的。

换个角度而言，这几首诗恰好也从反面说明了金圣叹三十年来科举失意已经使他在精神上和心理上有些心灰意冷了，充满了极度的失望之情。但是也可能正是之前这样极度的悲观失望又让他一直充满了化悲痛为力量的信心，顺治帝之言"莫以时文眼看他"，可能真的给了金圣叹莫大的信心和前进的力量，当然同时也在一定程度上告诫当时主持和负责科举取士的考官大臣们，要另眼相看金圣叹的古文才华，不要将其这样的古文高手遗漏。但是偏偏不幸的事情却悄然发生了，顺治帝在第二年的春天驾崩，这样以来，金圣叹苦苦等待的知音就这样消失了，他满眼的希望此时又在一瞬间化为无限的失望。于是他怀着十分悲痛的心情写下了"正怨灵修能浩荡，忽传虞舜撤箫韶。凌云更望何人读，《封禅》无如连夜烧。"此诗中，金圣叹把顺治帝比作上古时期著名的圣君虞舜，而把自己所受到的知遇之恩比作司马相如曾经受知于汉武帝。正在充满希望之时遭受到这样的打击难免会使他痛心疾

首，于是叹曰："白发满头吾甚矣，还余几日作渔樵"。其实从这个过程我们可以很清楚的看到，与其说金圣叹是在叹惜满清皇帝的去世，还不如说金圣叹是在叹惜自己所难求的一位文学知音的离开，更是自己的才华又将遭受新的埋没而感到惋惜！在想赴朝野为官和叹惜自己古文才华两个方面，我认为金圣叹更加倾向于后者，他不想让自己这样天生的"读书种子"的才华白白流落而没有得到世人的认可，这对于一位真正合格的封建文人的打击无疑是巨大而深远的！当然，金圣叹所流露出来的为官之心，也给后人留下了批评他人格的口舌，难免遭人诟病！

但是，金圣叹到底是不是清廷的奴才这个问题的复杂性其实才刚刚展开讨论而已，远非不是我们所想的那么简单。有部分学者更是在金圣叹的诗文创作当中找到了一些新的证据，想要为金圣叹是一名清廷的奴才"盖棺定论"，因而，我们有必要对其做以一一了解，以便进一步探求金圣叹其人！

这些学者认为，在入清以后，金圣叹在自己题为《升平歌》的组诗里，一共收录了十首诗歌，他是这样写道：

地下千雷震，天上万日明。
人间自忧毕，今日逢升平。

大妇治羔羊，中妇孽荔枝。
小妇注清酒，共乐升平时。

升平大道理，一言非所详。
君子坐金殿，小人还故乡。

他的《上元祠之一》更是写道：

四海光明万岁翰，六街箫管太平人。
家家酒，天子恭推日日新。

　　学者认为，在金圣叹的这些诗歌里，是完全看不出有什么"反清"或者对清朝封建政权不满的口气，那些清朝封建统治之下的残酷暴政，对劳苦民众的迫害更是被金圣叹全然忘记，抛到九霄云外去了，的确在金圣叹的这些诗篇当中，到处可以看到满清统治下，"人间自忧毕，今日逢升平"、"六街箫管太平人"等景象。另外，学者根据历史事实而得出结论，虽然金圣叹因"哭庙案"而被满清政府砍头，但是事实上，清朝当时的统治阶级并没有把金圣叹看作什么对其政权有所"叛逆"的人物。众所周知，在清代的历史上，因为是外族掌权，建立清朝，所以就特别注重对异性族类思想文化的控制，很多著名的"文字狱"就使得历史上众多的著名文人被害。清代的文化思想制度极为森严，经常有各种书籍被当朝政府禁止刊行，其数量之多不下数百种，特别是对于那些被认为对其统治极为不利的人员，如沈德潜等，都曾经受到过严厉的迫害，各种著作被毁。可是，金圣叹的著作并没有被禁止，而是在社会上畅行无阻，成为热销书籍！据载，在沈德潜的《名诗别裁》初次刊印时，就曾经把金圣叹的作品收录其中；而且，金圣叹本人的《尺牍新钞》刊印于清康熙元年（1662）；他的《唱经堂才子书汇稿》于顺治十六年（1659）初版，并于乾隆九年（1744）又获得重订，由传万堂梓行；由其批改的著名的，

也是受后世非议较多的七十回本《水浒传》，也在清康熙、雍正、乾隆、同治、道光、光绪年间都有刊本。据不完全统计，仅目前能够见到的就有四十几种不同的清刻版本，并且在这些书的书首附有清朝各代官僚及文人士大夫为其所做的序言，因而，这些学者据此认为金圣叹能够在清代受到如此的优待，就是因为金圣叹是一名不折不扣的满清政权统治下的奴才！看到这样的结论，真心令人感到悲愤和遗憾，当然也为金圣叹被世人所误解的事实感到十分惋惜！

毫无疑问，金圣叹是复杂的，而且是极为复杂和难以理解的一位历史人物，无论是其为人品格思想，还是其文学著作，都充满了一种模糊的色彩，当然其中也时时透露出各种前后矛盾的影子，但是我们不能根据部分材料的只言片语就妄下断言，把"清廷的奴才"这顶臭名昭著的帽子死死地扣在金圣叹已经被砍去的、孤零零的头颅之上，实在让人难以接受！我们知道，金圣叹的一生确实是与传统的封建社会中的文人士大夫所不同的，由于他个性狂狷的使然，加上时代等等各种因素，他并没有真正走上封建的官宦仕途，而是从始至终都以一位穷酸书生的身份而出现在历史当中和我们的面前的，这样以来，金圣叹的许许多多的生平事迹都变得模糊不清，令人费解！可是，据前章有关金圣叹的生平分析而言，虽然金圣叹在自己的各种诗文作品当中时时流露出想要为官而不可得的心情，但是，从客观的现实生活角度而言，金圣叹一直没有出仕，而且久而久之，他自己也好像看清楚了自己所处的环境，因而在主观上更多的或者说主体上是属于一种"边缘心态"的，入清以后，他更多的活动便是与友人饮酒作乐，赋诗填词，著书合唱，共谈人生！像这样的生活可谓是金圣叹入清

后真正的生活实照，我们不能够仅仅因为金圣叹的几首诗歌就否定了其人生的大半部分，颇有以偏概全之嫌！具体而言，首先，先来看看清顺治帝的"知遇之恩"与其《春感八首》。像金圣叹这样一位天生的"读书种子"，肯定自视才高，有种异于一般封建读书人的心态，要不然他也不敢时时在科举考场上戏弄考官呀！这其中当然有性格狂傲的因素，但是更多的应该是他对自己的自信心，一句"大不了从头再来"，拍着胸脯，决定游戏一番，也不失为人生一乐事矣！可是，伴随着时间的流逝，渐渐经历世事的金圣叹也慢慢变得成熟起来，开始秉承儒家"著书立业"之传统，于是乎，各种"才子书"相继问世，原本金圣叹想借此来证明自己天资聪颖的才华，证明自己有能力为官，从而狠狠地打科举考场上那些有眼无珠之主考官一个响亮的耳光。却不曾料想，世无知音，没人欣赏自己的才华，也没有人肯定自己的文学能力，更可惜没有人真正读懂自己的内心世界，这样的金圣叹，难道不孤独吗？他的精神世界应该是多么的寂寥啊？或许正在金圣叹空虚寂寞，恨无知音之际，友人从京城带来当时社会上最高统治者的肯定和赞扬，听后，金圣叹忘乎所以，极有可能完全是出于对压抑已久的知音难求之情爆发，便向北而叩首谢恩，立即写下《春感八首》以来表达自己终于遇到知音之情感。当然，在这样的一个过程之中，我们不能排除金圣叹有可能会想借此机会走上封建士人梦寐以求的仕途的想法！正当金圣叹幻想满满之时，岂料，自己的知音，顺治帝忽然驾崩，金圣叹的天，瞬间塌了下来，那些重拾回来的自信心再次有可能荡然无存，他，岂不痛哉！难道不应该写几首诗文来抒发自己内心的情感吗？其次，关于金圣叹写《升平歌》等诗文之事，笔者认为，这也不足以证明金圣叹就是一

个充满封建奴才相而且向满清政府献媚的人物。我们知道，金圣叹生活在明末清初的易代之际，社会环境本来就动荡不安，权力的争夺导致长年累月的战争和徭役，加之经常发生的水旱灾害和蝗灾，这样天灾人祸的交加，难免会使得当时的人们处于水深火热的战乱之中。眼看风雨飘摇的明王朝大势已去，无力回天，而且满清政权的逐渐建立和稳固，慢慢在一定程度上使得平民百姓从之前的战乱、流离失所的生活当中重新恢复到一种安居乐业，合家团圆，不再有骨肉分离的稳定的正常的生活之中，作为一位从骨子里痛恨残酷暴政和贪官污吏的封建文人士大夫，难道金圣叹应该打着"反清复明"的旗帜以来表明自己人格的高洁吗？我们知道，在明清易代之后，金圣叹本人是选取了一条不同于传统封建士人之路——中立之路的。那么，以百姓之乐为乐的金圣叹难道就不应该为百姓此时此刻的安居乐业鼓掌喝彩吗？难道非要将他的这种文人话语解读成对满清政府的歌功颂德吗？为什么不能将他的这些诗歌理解为对当时老百姓真实生活的描写呢？崇尚杜诗的金圣叹，难道不应该在其诗文当中描写百姓的现实生活吗？为什么杜甫这样写，就是正确的，被尊称为"诗圣"，而到了金圣叹，这样写就成了向清廷献媚的"奴才"，这样的逻辑理论，着实令人费解！再次，我们再来分析一下第三个论据，即以金圣叹在清代所受到的不同于一般封建文人的"优待"和其文学著作的多次刊印，重订，畅行无阻来证明金圣叹的的确确是一位清廷的奴才，这样的论据，简直让人啼笑皆非！难道这种现象就不能被解读为世人乃至后人对金圣叹文学才华的肯定吗？难道就没有清代资本主义大背景之下商业发展因素的使然吗？无疑，金圣叹的文学作品当中或许存在着一些适合当时满清政府统治需要

和有利于维护其封建政权稳固的因素，例如他所批改的《水浒传》等等，但是，为什么要纯粹从封建政治的角度来牵强附会地解读金圣叹呢？从纯文学，纯审美的角度来阐释难道不可以吗？再者，相关学者一再列举金圣叹各类著作在清代的刊印、重订和畅销，而且令人大跌眼镜的是竟然列举到金圣叹死后的几百年间，什么雍正、乾隆、同治、道光、光绪等等，这难道能够说明金圣叹在其被满清政府砍头后仍然是一名具有卑躬屈膝嘴脸的向满清朝廷献媚的奴才吗？这样的主观臆断和逻辑思维的起点和落脚点，实在值得同情！最后，我们知道，就文学作品和作家之间的关系而言，其关系也并非是一一对应的关系，而是十分复杂和充满变化的。其实，很多文人的思想也并不总是严密地从属于一个单一的思想体系的。即使是那些思想自成体系的文人思想家，他们往往也会吸取别的派别和体系的思想，或前后有所变化、不同，有所发展，或者因为当时实际生活和具体事情的影响而有所偏重。在文学历史上，有很多人的看法往往也只是对客观现实或者在某一外界事物的强力刺激之下而所做出的最为直接的反应，并不一定就是经过自己的深思熟虑和严密的逻辑思维过程而最终产生的与他一般性的思想相一致。尤其是相对较为敏感的时事政治态度，他和当事人的心态，情绪，冲动，本能等等一系列因素都有着直接的关系，有时竟然会完全不受人们理性的控制和左右，所以在金圣叹部分因时事而作的诗文当中，我们很有必要联系其创作背景，具体，合理地加以分析和阐释。当然，作家和自己的文学作品之间也存在而且必然会存在着一种必然的联系，这即是我们经常所谓的某个作家的"创作风格"，但是我们也很有必要做到"知人论世"，将作家的作品和他本人的思想和生平，生活

环境，社会背景等等一些列因素有机地联系起来，不能以偏概全，对待任何事物都一概而论，用自己已有的逻辑思维和理论生搬硬套，又或者是将眼前的文学研究资料生搬硬套到自己心中先前就确定好的某个观点当中，取其所用，为自己立论，以满足现实的某种或者学术，或者政治的需要，因而，机械地研究我国古代文化和古人所留下的文化遗产是难以得到最接近真相的研究成果的！

由以上粗略分析可知，笔者以为有关学者为金圣叹死死地扣上"清廷奴才"这顶帽子实在是荒唐可笑的，所提供的各种论据都是不充分的，是站不住脚的，在没有全面客观地了解历史事实和金圣叹本人生平事迹的情况下所作出的主观臆断，当然，这些结论的得出带有很大程度上当时时代阶级斗争的色彩和阶级斗争现实的需要，我们也理应给予相应的同情和理解！我们必须坚持科学分析的原则，让历史真正还给金圣叹一个属于他自身的清白！

（三）金圣叹是封建文化的离轨者吗？

在诸多的研究金圣叹其人其业的相关资料当中，有一种观点是我们现在评述金圣叹先生所不能忽视的。有关学者依据金圣叹的社会活动和社会行为而毅然决然地将其划定为"封建文化的离轨者"，这样的一个头衔，乍一看，貌似有着一定的合理性和依据性。当然在很大程度上对我们全面、客观地认识金圣叹其人、其业确实也能够起到一定的启示作用和借鉴意义。如果将金圣叹划定为"封建文化的离轨者"的话，那么我们单从这样一个特别具有现代性反封建意味的概念出发，我们的确也可以看到金圣叹某

些社会活动和行为在封建社会实属一种"离轨"行为！可是，当我们仔细研究和推敲持这种观点的学者所提供的研究资料和他们的思维逻辑出发点和落脚点时，我们却很容易发现，这些研究资料未免有种取其所好，为其作用的意图和目的，而且他们仅仅依据金圣叹的某些并非主要的社会活动和行为就为其扣上这样一个冠冕堂皇的帽子，未免也有失偏颇，当然也包含一种哗众取宠的目的。从这些极具讽刺、戏弄和调侃性意味的描述话语当中，我们可以感受到对金圣叹一生评价的不公平、不科学和不客观，这种研究我国古代文化和文人的态度就显得特别轻率、不严谨，必须加以警示和改变。

如果要进一步了解持这种观点的学者，那么我们首先必须再来回顾金圣叹因"哭庙案"被杀所留下的种种传闻。当金圣叹得知自己将被处决的日期就在第二天的午时三刻时，他花费了好大的力气终于买通了看守的狱卒，并以其口才极力说服看守狱卒将自己提前写好的遗书偷偷地送出监狱，而且一而再，再而三地拍着胸脯保证，书信内绝对没有任何忤逆当时朝廷法律条令和社会道德的事情。起初，看守狱卒严厉拒绝金圣叹的要求，当然他也是怕惹祸上身。可是在金圣叹苦苦的哀求之下，看守狱卒或许是对这个将死之人产生同情和怜悯之心，也或许是惋惜这位才子的陨落，便勉为其难地答应下来此事。于是这封秘密的信件终于在次日中午，按照事先的约定，被悄悄地安全地送到了囚犯金圣叹的家人手中。当然，由于好奇心的驱使，也有可能是由于害怕和处于自我保护的需要，这位看守狱卒在将信件送往金家之前，忍不住将这封信件私下打开并与自己的一个关系甚密的上司官员同观，于是信件上这段令世人啼笑皆非的话语便也流传开来："字

付大儿看，盐菜与黄豆同吃，大有胡桃滋味。此法一传，我死无憾矣！"这金圣叹，杀头之刀即将架到脖子之上，竟然还如此幽默风趣，真让世人对其"刮目相看"。差不多两个多小时以后，被官府定为"哭庙案"这场未遂的政治骚乱的策划者与组织者的金圣叹，连同他的十七名同党，加上无数的因各种案件而被钦点的主犯被立即押赴刑场斩决。这样一个具有传奇性色彩的故事当然也是清初的统治者对江南文人士大夫的警告，颇有"杀鸡儆猴"之效用，金圣叹就这样身首异处，岂不痛哉！接下来，所发生的事情当然就是家属为其收尸，终不能让其抛尸荒野吧，但是要在一片血肉模糊，一百多颗人头散乱的刑场上准确无误地认出自己亲人的首级实属不易之事。好不容易将此乱糟糟的一切料理完毕，金圣叹的家人还并没有从悲痛中醒过来时，巡抚衙门的驱逐令已然到来。由于在清朝，一人犯法，全家同罪，除却怀中婴儿可幸免外，其余人等而且必须流放，当天下午金家老老少少就被押解上路。"至五、六、七岁皆手扭……远涉宁古塔。"在当时冰天雪地，令人寒冷难耐的辽阳，金家大约自此以后共生活二十年左右，才在某些有政治背景的朋友的积极奔走和拯救之下，侥幸还乡。真可谓"关河历尽霜花白，岁月移来鬓影苍"，作为犯人亲属的吴江诗人沈永令的这两句诗，在很大程度上对被流放之人一生的不幸和坎坷遭遇做了相当到位的概括。

　　看到金圣叹及其家人如此不幸的遭遇，我们当然出于常人之基本的同情而甚为惋惜和感叹。可是接下来的问题便随之产生了，有相关学者便以金圣叹传奇般的死亡作为起点，向前溯源，继而来探寻其戏剧性的一生，借此为其"盖棺定论"，甚为荒唐和可笑！这些学者认为，金圣叹在其短短的一生之内，他几乎将所

有的时间都用来做一位相当本分的职业作家和书商？尽管金圣叹不幸生于清兵入关，朝代更替的尴尬年代，而自己又身处满街都是爱国志士的吴中地区，学者认为金圣叹对新的王朝和政治格局持一种暧昧的态度，这样的态度当然是与他同时代那些对满清怀有敌意的爱国志士是相违背的，也可以说是不符合吴中志士思想主流的，也正是因为此事，导致后世学者一致的诟病和谩骂。在这些将金圣叹视为"封建文化离轨者"的学者当中，他们眼中的金圣叹是这样一个人：他是一个乐善好施者和类似评弹艺人那样言谈诙谐、行为举止夸张的潦倒书生，同时还是一位星象家、佛教徒，以及满脑子都是弄钱妙法的炮制畅销书的坊间书贾。能够得出金圣叹是一个满脑子都是弄钱妙法的书商，简直骇人听闻！当然这些学者能够得出这样一个惊艳学界的论点，也有其一定的历史资料作为佐证。我们知道，当公元1641年金圣叹在评点《水浒传》时，突然以著名文学批评家的面目出现之后，在一时间内迅速走红，很快令世间那些熟悉他或者不熟悉他的人们都大吃一惊。几年之后，批本《西厢》的问世和刊印出版同样获得了巨大的成功。昔日酸穷落魄的金圣叹现在忽然之间成了一位钱袋鼓鼓的街谈巷尾的热门人物，这其间所发生的变化可谓巨大和惊人。因而便有学者依据金圣叹前后在金钱和名望方面所发生的巨大转变，来将其认定为一位对商业极为熟练和玩弄的书商。而且认为金圣叹一开始就将开玩笑的对象锁定为书中的古人，一上来便毅然决然地拿《水浒》《西厢》开刀，一望而知金圣叹是铁定了心，打定主意要和他一向深恶痛绝的以礼义为基础的中国封建正统文化对着干了。作为一位多年来一直怀才不遇、积怨满腹的社会底层人物，金圣叹这样激进的姿态也无可厚非，易于理解。经这些

学者对金圣叹文学文本的考察和研究得出结论，认为金圣叹从十七世纪四十年代处心积虑发动的这场文学革命的目标几乎覆盖了我国传统文学批评的各个层面。其中既有在其自身哲学思想和审美原则关照下对经典原著的腰斩和增删，也有将总批、读法、序言、眉批等混合使用，巧妙结合的独门艺术手法。当然，在金圣叹的文学文本里，在某些章回与段落的叙述高潮即将到来或者已经到来之时，却戛然而止，突然中断，转而描写起与文本看似毫不相干的当时日常生活方面和市井逸闻趣事——这是一种典型的吸引读者阅读兴趣和启发读者独立思考的艺术手法。或许也正是金圣叹身上所具有的这种市井气息和金钱，名望的迅速变化，这些学者便认为金圣叹代表了十七世纪手工业萌芽时期典型的市民精神——朴素，粗犷和新的朝气。

金圣叹形象之所以模糊不定，令后世学者不敢轻易下结论，还有一个更为重要的原因，即我们在前一章节里有关金圣叹生平的描述中所看到的，在入清以后，金圣叹作为当时在社会上有着才气和名望的箭头人物，原本可以继续发展下去。可是他的形象却突然变得暗淡下来，甚至模糊难辨，在此期间，他所从事的社会活动大多都是以诗文会有，与友人把酒共论人生的一种边缘状态。也正是金圣叹这一突然的转变，导致了某些学者的妄加猜测和怀疑，竟然认为这种行为时金圣叹主观上试图保持低调的自我设计，因为在新的满清政权的环境当中，金圣叹需要重新审视自己之前公然对抗封建正统文化的行为是否继续可以通行于一个全新的社会环境之中。最终，一个封建知识分子在新的政治环境当中到底应该站在什么立场之上？不管其他知识分子怎样，在要么合作要么对抗这两种常见的、惯用的方

式之外，金圣叹却选择了一种属于他自己的人生态度——一种纯粹的中立态度。在他的《咏陶渊明抚孤松图》的"不曾误受秦封号，且喜终为晋逸民"和《咏柳》中的"陶令门前白酒瓢，亚夫营里血腥刀。春风不管人间事，一例千条与万条"，我们可以看出金圣叹的"非暴力不合作"的政治态度。然而金圣叹的这种态度，是一种企图通过饮酒，赋诗，会友等这样世俗享乐忘怀自己的遗民身份的态度。他既是喧哗中的沉默者，又是酒鬼堆里最清醒的家伙。或许也正是由于金圣叹这一系列异于传统封建文人士大夫的行为，才会导致这些学者将其划定为"封建文化的离轨者"，可是，金圣叹到底是不是一位"封建文化的离轨者"呢？

这些具有"探究"和"创新"精神的学者，将金圣叹划定为"封建文化的离轨者"，其主要依据便是金圣叹的社会活动和行为，以及继而为其确定的畅销书作家和家财巨富的书商，当然还有将金圣叹异于一般文人的文学创作活动看作是对正统封建文化的对抗。那么，我们便有必要对其进行一番讨论，以求公正客观合理地了解和研究金圣叹其人其业！首先，"畅销书作家"这样一个身份，对于金圣叹而言，或许在很大程度上是一种特别恰当的概括和评价，众所周知，金圣叹确实在"六才子书"相继问世和刊行出版之后，在社会上引起了巨大的轰动和街头巷尾的热议，以此将其确定为"畅销书作家"，当然无可厚非，或许也正是实至名归呢？据金圣叹生平事迹和廖燕先生的《金圣叹先生传》等资料研究可知，金圣叹本身就是一位具有传奇性色彩的真正的"读书种子"，其才华当然有目共睹！不能因为其作为当时的"畅销书作家"，就轻而易举地认定为一种对传统封建文化的背离和离轨！其

次，这些学者大肆宣扬金圣叹作为"封建文化的离轨者"的主要标志之一就是他后来成为一位家财巨富的书商，而且是一位善于操弄商业活动和出版业、新闻业的人物。这样的立论观点有其一定的道理性和可信性而言，但是，在明末清初手工业经济或者资本主义经济渐渐萌芽并发展的社会环境之下，作为一位生活于其中的市民，金圣叹难道就不可以从商吗？为了改变家人的生机和生活环境，金圣叹难道就不可以出书卖书吗？为什么非要将其划定为一位善于操弄商业的书商呢？这样的划定到底有没有可信的文史资料以供佐证？还是我们后世学者为了哗众取宠和标新立异而做出的自我猜测呢？如果非要以此金钱和名望为标志，以其前前后后所发生的变化为依据，就对金圣叹妄下结论，简直有失学者风范，而且对于金圣叹本人而言，也是极为不公平和不道德的行为！可以说，倘若金圣叹真的在当时的历史社会环境之下确确实实是一位家产万贯的书商，我认为这也与其当时所处的社会政治，经济，文化背景有着莫大的关系，又或者是与其家庭经济生活相关联，轻易将其认为是一位善于玩弄商业手段以来搏名求财的市侩文人，简直让人难以置信！最后，针对有些学者认为金圣叹从一开始就将矛头直指封建文化和古人，认为金圣叹一开始就将开玩笑的对象锁定为书中的古人，一上来便毅然决然地拿《水浒》《西厢》开刀，一望而知金圣叹是铁定了心，打定主意要和他一向深恶痛绝的以礼义为基础的中国封建正统文化对着干了。完全是作为社会底层人物的金圣叹在抒发自己心中多年来一直怀才不遇、积怨满腹的情感，因而才会采取这样激进的姿态！将金圣叹这样的行为以及入清后的中立态度与"封建文化的离轨者"相联系起来，倒是显得有几分道理和合理性而言。毕竟从后期逐

渐没落的封建社会的发展过程而言，金圣叹的行为和文学作品当中所流露出来的人生态度，确实有着某种脱离或者偏离封建正统文化的因素，但他并不像同一时代那些激进文人士大夫的态度，例如被视为"异端"的李贽等人。可以说，从这个角度而言，金圣叹的"文化离轨"只是个人才情发展过程当中的一个偶然的现象，是他的人生哲学思想和文学审美原则左右之下，并且联系于当时具体社会环境和个人的现实生活而产生的一种结果，这种结果并不能完全认为金圣叹就是一位反叛性十足的、彻头彻尾的"封建文化的离轨者"。当然，说金圣叹的思想行为当中具有某些"封建文化的离轨者"的因素和影子，倒是无可厚非和不容置疑的！

（四）金圣叹是我国封建社会的启蒙思想家吗？

据学者张国光等人研究，他们认为金圣叹是我国杰出的启蒙思想家。现在针对张国光先生此种观点，我们希望在本书中以开放性和讨论性的方式与各位文学爱好者商榷一二。关于金圣叹的生平和死亡，虽然有着千差万别的历史记述和民间传闻，但是我们从中也可以看出，正是这样千差万别的历史记载和纷繁各异的民间传闻，从而导致了研究金圣叹的理论观点的各执其说。张先生首先认为，金圣叹生得清白，死得壮烈！金圣叹是县庠生，为人"倜傥高奇，俯视一切。好饮酒，善衡文评书，议论皆发前人所未发。"（廖燕《金圣叹先生传》）。由于其个性不羁，所以才在少年时期以诸生为游戏，"每遇岁试，或以俚辞入诗文，或于卷尾作小说讥刺试官，辄被黜"（采衡子《虫鸣漫录》）。同时他又"好批小说，人多薄之"（《随园诗话》）。这样，金圣叹的一生就

没有能够考上举人。其祖辈父辈也并无功名。他因而自称"身为娄人"，"一生穷到底"。除得点润笔外，主要靠教蒙馆为生，由于家庭成员众多，遇到荒年之时，金家往往缺乏粮食，可谓妻子愁容满面，儿女撕襟撤衣，全家人终日食不果腹。可见，金圣叹经常会处于贫病交迫的生活困境，这在一定程度之上就促使了他与统治者离心离德而走向人民大众一边。金圣叹在他年轻的时候，大约二三十岁时就给自己制定了一个较为宏大的文学评书计划，他先后选取《庄子》《离骚》《史记》和杜诗，加上《水浒》《西厢》合称为"六才子书"，并开始着手加以具有自我特色的批评和分析，寄希望于用这些书能够代替圣经贤传。直到现在，金圣叹的"六才子书"仍然是我国文学史和文学批评史上不可或缺的部分，它承载了我国传统文化的精华和金圣叹本人文学批评思想和美学原则。但是，正是这样一位"生得清白"的"读书种子"却在其晚年因历史上著名的"哭庙案"而被诬陷为这次政治活动的主要领导者和策划者而被砍头，家人更是流放宁古塔二十余年。后人廖燕有诗云："才高俗人讥，行僻世人嗤。果以罹奇凶，遥闻涕交颐！"正表现出了对金圣叹至死的深切同情和惋惜，可见金圣叹"死得壮烈"！

其次，张先生在阐释金圣叹的哲学思想时，认为我们在评价金圣叹哲学思想的时候，当然有必要了解金圣叹的哲学著作。我们知道，金圣叹关于《周易》《庄子》《法华经》等书所做的专门性的书籍，还是相当多的，但是由于经济等等各个方面的原因，这些书籍未曾问世，因而成为我国思想史上一个很大的损失。不可否认，金圣叹的思想和言论当中也往往透露出一些封建糟粕性的东西，这也无可厚非。毕竟，生活在三百多年前封建社会晚期

的金圣叹，如果想要完全超越那个特定时代、阶级的局限，摆脱封建思想，根本是不可能的。但是，金圣叹作为一位被近现代和当下所忽视和遗忘的明末清初思想家，他的思想当中还有很多值得我们去发掘和研究的东西。可以说，在他的言论当中，或多或少是"带有革命性民主性的东西"的，而且这部分东西是占主要成分的，这是我们不能忽视的事实。金圣叹生活在我国封建社会开始没落、瓦解，而且资本主义和手工业开始萌芽和兴起的明末清初时代，加上其家乡吴中地区又自古就是东南文化和经济的中心。金圣叹虽然出身于破落之家，生活近乎城市贫民，经常为生计而惶惶不可终日，他同情天底下与自己一样穷困潦倒的人民大众，同时也毫无疑问地反对封建暴政，仇视贪官酷吏。在崇祯末年，他亲眼目睹了农民革命风暴的来临，目睹了明王朝政权的摇摇欲坠和人民力量的伟大。这样的历史环境和自身的生活现实，对金圣叹哲学思想的形成有着巨大的影响。金圣叹在自己的文学作品当中，往往会采用极为辛辣的笔锋，反对残酷的封建统治，以此来冲击礼教，抨击宗教，为民疾呼奔走，勇往直前！这样的思想行为是和当时的顾炎武，黄宗羲，李贽等启蒙思想家相一致的！

再次，根据张国光先生的研究和观点可知，金圣叹的思想当中也具有极为浓厚的唯物主义思想和辩证法理论，这些都对后世思想家和学者有着一定的启导作用，比如王夫之的唯物主义思想便是来源于金圣叹等等。于此同时，金圣叹关于宇宙和人类社会发展的认识更是大胆而新颖。他能够从"革故鼎新"的观点出发，运用辩证法来观察社会现象，从而大胆地突破了儒家的传统，提出了一系列进步的民主性的观点，他从人性自然的角度出发，反

对封建礼教法制对人性的束缚和捆绑，甚至对当时的君主制表示了怀疑和否定。金圣叹的哲学思想是博大而精深的！当然，作为在文学方面的"读书种子"金圣叹的民主思想更是涉及到提倡庶民议政，要求写作自由等，更是具有近代色彩。关于"庶人议政"的观点，大多体现在金圣叹的文学作品当中，以《水浒》为例，大力宣扬"从来庶人之议皆史也"，这样就把庶人的议论第一次大胆地提高到了国家历史的地位。热衷于小说、戏剧等文本评点的金圣叹，当然会把小说等看成是影响当时社会舆论的最为直接和有效的工具。他肯定了小说社会影响的广泛性是和它的通俗性特点分不开的。而且他更是大胆地要求封建君主承认文人的"操笔之权"即提倡写作自由，而不允许封建朝廷官员对文学创作的干涉。他在批《水浒》时，巧妙地借用司马迁写《史记》一事为题说："夫……下笔者，文人之事也……是文人之权矣，君相虽至尊，其又乌敢置一末喙乎哉？"在这里，金圣叹明确提出要把文人的写作自由，操笔之权提升到君王大臣的权力之上，显然金圣叹是一个敢于在封建专制时期努力为封建文人争取言论自由和写作自由的进步文人思想家。可以说，张国光先生的分析和研究，从一个更为广阔的角度出发，拓展了我们研究金圣叹其人其业的思维领域。同时，在宏观上对金圣叹哲学思想的阐释和研究，更能够起到高屋建瓴的作用，值得借鉴和思考！

综上，金圣叹的这些进步的民主的具有近代革命的思想和言论，长期以来都被我们诸多的文学研究者和爱好者所忽视和曲解了。他的思想可以说影响深远，直至近代民主革命时期，都还产生着极为巨大的影响，积极吸取其思想的近代民主革命者如李大

钊等人。因此，在中国思想史上，在我们中国诸多仁人志士为了争取民主和自由而抛头颅、洒热血的道路上，我们是不能忘却金圣叹这位具有民主思想的伟大启蒙思想家的！

第三章 金圣叹与《水浒传》

我们在前两章的内容里，用了很长的时间和文字从多个角度比较充分地认识和了解了金圣叹的前世今生和他在历史上的真实面目，可是，当我们要进一步走向金圣叹的思想深处和内心的时候，却突然发现，如果缺少了对他文学著作的分析和研究，那么我们将永远无法正确认识金圣叹在我国漫长的文学史和思想史上到底扮演了一个什么样的角色。在学术界，我们往往可以在很多关于金圣叹的研究资料当中看到或者是从很多文学爱好者的口中听到对其或褒或贬的评述，有人将他称之为"天下奇才"，也有人将其批评的一无是处。由此可见，金圣叹确确实实是极为复杂的，尤其是他的思想和文学活动，更是让很多文学研究者感到扑朔迷离，面对评价差距如此之大的众多观点，我们想要站在一个较为合理和公正的地位上来评述金圣叹先生这样一个复杂的历史人物，无疑是对自己能力的一种挑战和突破。众所周知，金圣叹在文学上，尤其是在古典文学的评述方面，可谓著述颇丰，著作等身，可是也正是这种具有新颖性、多元化和独特性的文学评述活动，让他在近百年的中国文学史上是非不断，荣辱并担。这样一位被历史界、文化界和思想界各种评价观点所包围的人物，现如今已

经在我国的文学界内慢慢开始拥有自己专门性的研究学者、专家和教授，这些人依然开始端起了金圣叹研究这个饭碗，靠其生活，据说在将来的学界，有可能还将会拥有类似"红学"的金圣叹"研究学会"或者什么机构之类——这足以表明金圣叹在当下的学界变得越来越"可爱"了，至少这种火热的研究现象可以证明金圣叹慢慢开始受到诸多专家学者的重视，不再像以往那样消失或者隐退在文学史、思想史的长河之中，不再缺席！对此，笔者深感欣慰！可是，伴随着更多关于金圣叹研究热潮的到来，他的形象和文学成就却日益显得模糊不清了，这是非常耐人寻味的。

当然，说起金圣叹在文学方面异于常人的造诣，我们不得不称之为"天下奇才"和"读书种子"。金圣叹博览群籍，喜好谈《易》，也好讲佛经，经常引用佛学理论来诠释儒、道思想，就连评论文章时也喜欢附会禅理。他的一生评点古典文化书籍较多，而且，最为有名的便是称《庄子》《离骚》《史记》《杜诗》《水浒》《西厢》为"六才子书"，原本打算逐一进行批注，但是仅仅完成了后两种，《杜诗解》未成而罹难。但是，其著作据族人金昌叙录，有"唱经堂外书"，其中包括《第五才子书》《第六才子书》《唐才子书》《必读才子书》《杜诗解》《左传释》、《古传解》二十首、《释小雅》七首、《孟子解》《欧阳永叔词》十二首；而其"唱经堂内书"，则包括《法华百问》《西城风俗记》《法华三昧》《宝镜三昧》《圣自觉三昧》《周易义例全钞》《三十四卦全钞》《南华经钞》《通宗易论》《语录类纂》《圣人千案》；其"唱经堂杂篇"，包括《随手通》《唱经堂诗文全集》。然而令我们感到遗憾的是这些篇章大多都没有竣稿，要么只存某些片断，要么全部亡佚，只有一部分作品收入今传之《唱经堂才

子书汇稿》中。另外，金圣叹又能作诗，有抄本《沉吟楼诗选》传世。今有江苏古籍出版社 1985 年 9 月版《金圣叹全集》。与此同时，金圣叹还节评《国语》《国策》《左传》等书，由此可见，金圣叹确实是一位著述颇丰之人。但是，金圣叹在其文学事业的道路之上，往往受到历史和当下学者讨论最多的还是其所评点的《水浒传》和《西厢记》二书，而对这两本书的评点，更是让金圣叹在享有少数赞许的同时，更多的却是遭受到学者的诟病，其原因就在其评述《水浒传》和《西厢记》过程当中"特立独行"的评点行为和据此而流露出来的思想倾向。众所周知，金圣叹在评点《水浒》和《西厢》的时候，据载，他曾大刀阔斧地将《水浒传》原本的一百二十回砍掉了四十九回，相当于百回本的后三十回被其砍掉。而且，他又将《西厢记》的五本杂剧删去了最后一本，其这种行为的结果就是使得这样被砍的版本在三个世纪以来一直盛行不衰，在很大程度上几乎使原来完整的版本失去文学立足之地。据有关文献资料的记载，在金圣叹的生前，与他同郡的一位名士，叫归庄，就曾经公开地对他的一位姓冯的弟子说，看了金圣叹的书，听到了金圣叹的所做作为，发誓一定要将其杀死。这位名士归庄，颇有意思，他是一位有着强烈反清思想的封建士人，他对哭庙案中被满清政府砍头的其他十七名文人均表示哀悼，唯独对金圣叹之死拍手称快，而且还写了一篇《诛邪鬼》来声讨金圣叹。而在此后，也有一位饱学之士刘献廷，他却一心想要搜集金圣叹的遗书，而且还亲身访问了因金圣叹之罪而被流放充军二十余年回来的金雍，二人共同编辑了《沉吟楼诗选》。由此可见，刘献廷对金圣叹如此钦佩，至后来，以致替刘献廷写传记的著名史学家全祖望对传主的这种行为感到疑惑不解，被迫声明到

传主刘献廷和金圣叹绝非同一路之人。这样十分突出而不可调和的互相对立的评价，一直以来都存在着。乃至到了新中国建立以后，国内学术界伴随着政治形势的变化，对金圣叹的评价，由一般性的学术讨论开始演变为一场激烈的政治批判运动。更有相关学者引用近代西方"平等、自由"之思想，而对金圣叹严加批判，语言甚为辛辣：

> 《水浒传》者，祖国之第一小说也……横遭金人瑞小儿之厉劫，任意以文法之起承转合、理弊功效批评之。致文人学士，守唐宋八家之文，而不屑分心；贩子村人，惧不通文章，恐或误解，而不敢寓目。遂使纯重民权、发挥公理，而且表扬最早、极易动人之学说，湮没不彰，若存若亡，甘让欧西诸国莳花而食果，金人瑞能辞其咎欤？

> 金人瑞者，奴隶根性太深之人也，而又小有才焉。负一时之人望，且好弄文墨，阅书籍。彼既批《三国演义》矣，既批《西游记》矣，既批《西厢记》矣……《水浒传》者，专制政体下所谓犯上作乱、大逆不道者也，于是乎以文法批之。然犹恐专制政府大兴文字狱，罪其赞成宋江也，于是乎痛诋宋江，以粉饰专制政府之耳目。批评《水浒》，以钓赞成《水浒》之美名，其计亦良得，其心亦良苦矣。（燕南尚生《水浒传新或问》，朱一玄《水浒传资料汇编》，南开大学出版社2012年5月第一版）

以上这段话，很明显地认为中国封建制度之延续、公理民权思想之所以在中国行不通，当归咎于金圣叹批《水浒传》的结果，

可谓荒唐可笑之极！因而，像这样愈演愈烈的讨论，使得金圣叹更加令人难以琢磨。因而，金圣叹便成为了中国文学史上少有的"怪异存在"，其历史或者文学真相到底是什么样呢？我们很有必要对其进行一番探讨和研究。

（一）金圣叹之于《水浒传》

众所周知，在当今学界，一般认为由施耐庵所著的小说《水浒传》历来深受好评，无论是从其思想的深度还是从文学审美艺术角度而言，乃至《水浒传》所产生的深远影响方面而言，都具有极为巨大的思想魅力和美学价值。而且，被列举为中国文学史上"四大名著"之一，足以看到这样一本艺术作品的价值，在很大程度上来讲，它完全是中国灿烂古典文化的代表作之一。可是偏偏正是这样一本思想性和艺术性都很强的文学经典，却经文学奇才金圣叹的评点之后，可谓"变了味道"。我们知道，水浒的故事大概自南宋时期滥觞，经过了一个漫长的准备阶段，终于到了明朝初期以一个结构完整的章回体小说的形式问世并继而引起社会各界的关注和热议，与著名的《三国演义》《西游记》共同掀起了我国古典小说历史上第一个文学高峰。在当下的学术界和史学界，当我们继续研究古代文化的时候，我们自然不可能绕过《水浒传》这样的古典文化经典之作，但是想要认真研究《水浒传》，那么我们就不能忽略由金圣叹所批点的《第五才子施耐庵水浒传》本，因而，在这一研究的过程之中，我们又无法忽略金圣叹"腰斩"《水浒传》这样一个特别重要的问题。从文学史和当下关于金圣叹和《水浒传》的研究情况和结果来看，学界基本上一致认同是金圣叹"腰斩"了《水浒传》，因此"腰斩"的问题几

乎就成了大家所公认的定说。可是，在诸多的学者一致认为此观点和文学事实成立的情况之下，同时也存在着质疑金圣叹"腰斩"《水浒传》的学术和史学观点，即认为金圣叹并没有"腰斩"过《水浒传》或者说金圣叹所评点的《水浒传》并不是依托百二十会回古本所成的，等等，那么这些持相反观点的学者其反驳的证据何在呢？

第一，人们一向都会引用证明金圣叹"腰斩"《水浒传》的最早的资料则是周亮工《因树屋书影》里的一段话：

> 《水浒传》相传为洪武初越人罗贯中作，又传为元人施耐庵作，田叔禾《西湖游览志》又云此书出宋人笔。近金圣叹自七十回之后，断为罗所续，因极口诋罗，复伪为施《序》于前，此书遂为施有矣。予谓：世安有此等书人，当时敢露其姓名者，阙疑可也。定为耐庵作，不知何据？（清周亮工《因树屋书影》卷一）

当然仅仅凭借周亮工的这段话是不足以证明金圣叹"腰斩"《水浒》这一问题的真实性的，这段话中，周亮工并没有明确地指出是金圣叹"腰斩"了《水浒》，而是更多的将讨论的重点集中在了《水浒传》的作者问题之上。他的态度很是明确：在证据不足的情况之下，此书的作者到底是施耐庵还是罗贯中，不能够轻易下结论，因此，这段话并不能作为金圣叹"腰斩"的一个有力的证据。第二，如果将金圣叹版本的七十回本与各种版本相互比对的话，就会很容易发现一个问题，即金圣叹所评点的七十回本的文字与袁无涯刻百二十回的前七十一回大致相同，因而学界便以

此断定是金圣叹依据后者而"腰斩"了百二十回本《水浒传》。试想一下，能够得出这样一个结论，是因为在我们的思想当中首先有一个"腰斩"的观念，从而来为其寻找合适的论据，倘若没有我们此前所存在的"腰斩"这样一个"前观念"或者"前结构"存在的话，那么我们是否也可以认为"袁刻本的百二十回本是依据七十回本增添而成"的结论吗？第三，当然更为后人起疑的一点便是金圣叹所伪作的施耐庵的《序》。可是反驳者认为如果将金圣叹所生活的时代背景和金圣叹的作伪《序》的行为联系起来的话，就完全可以理解他这样的行为了。众所周知，明人无论是著书、批书还是刻书的时候，经常托名、冒名或者干脆伪称为"古本"，这可以说是当时一种较为流行的社会风气，因而金圣叹也极有可能是出于这样一种心态而在自己所评点的七十回本《水浒传》之前伪作了施耐庵的《序》，以便证明自己的书不是某种赝品，易于在社会上流行并受到时人的追捧！当然持反对或者质疑态度的学者所列举的证据还有很多，在此我们不再一一列举，他们的言论看起来似乎也具有一定的说服力和可信度，深值我们思考和讨论，当然也并不能完全认同，因为像这样的观点，难免有所"标新立异"和"哗众取宠"之嫌！可是，由此我们也可以很清楚地看到这样一个摆在我们面前的事实：金圣叹确确实实是一位异常复杂的历史人物！

从金圣叹本人的自述之中，我们可知，他大约是在十一岁左右就开始阅读《水浒传》，而到了三十四岁（1641）年才正式将自己所评点的《贯华堂第五才子书》即七十回本的《水浒传》交给了自己的儿子金雍，至晚应该是在这一年已经将《水浒传》的整个评点活动顺利完成了。针对一般学界所公认为金圣叹"腰斩"

《水浒》的问题，确实值得思考和进一步研究。倘若真是金圣叹"腰斩"了《水浒传》，那么，我们将会进一步看到如下被公认的事实：其一，针对伪《序》问题，由金圣叹所评点的新版《水浒传》整部书前多了一篇所谓的载于古本的施耐庵的自序，从文章的艺术风格上来看，这篇序言可谓是一篇文采优美的抒情性的小品文，但是很明显应该属于伪作。其二，学界认为金圣叹将古本所冠名的《忠义水浒传》中的"忠义"二字删去的同时，更为可怕的是他将古本的一百二十回砍掉了四十九回，相当于百回本的后三十回被其砍掉，这样被学界所公认的文学现实，在让我们难以理解的同时，更是让金圣叹的一生给后人留下了遭受"诟病、非议"的机会，那么，他到底是出于什么样的目的而将古本百二十回之《水浒传》给"腰斩"了呢？其原因又是什么呢？金圣叹如此的"怪异"行为难道仅仅是由于其文学审美思想和艺术原则作用之下的必然结果吗？其历史功过到底该做何种评价呢？接下来，我们在此以一种开放性对话性的方式尝试与各位文学爱好者探究一番。

1. 金圣叹"腰斩"《水浒》之原因探究

金圣叹腰斩了《水浒传》的确已然变成了一段历史的公案，直到现在，人们还是众所纷纭。在历史上和当下的有关于金圣叹其人和其"腰斩"《水浒》的诸多研究和讨论之中，我们首先应该在充分地阅读其评点过的七十回本《水浒传》及其《读法》之后，接下来我们就将会面对一个令很多人都疑惑和好奇的问题，那就是金圣叹为什么要"腰斩"《水浒传》呢？其原因和目的到底是什么呢？

首先，就时代背景和金圣叹的政治立场而言，从学术界一般

性的研究过程和结果来看，大多数的学者们都是在结合金圣叹所生活的那个时代，即明末清初的大的历史背景和社会环境以及在各个时期的研究现实环境和诸多因素的作用之下来加以探讨和分析的。或者持一种否定的说法，认为金圣叹是封建的反动文人，他之所以"腰斩"《水浒》并擅自"篡改"其中的许多情节和丑化人物形象，其目的就在于污蔑农民起义；或者持一种肯定的说法，认为金圣叹实际上是赞扬和提倡农民起义的；这两种相互对立的观点，其所纠结的问题的核心即使金圣叹对于《水浒传》所描写的农民起义的态度问题；又或者持一种矛盾的说法，认为金圣叹的思想当中存在着既想维护封建统治，而又反对封建统治，既想要肯定农民起义而又想否定农民起义的矛盾心态，真可谓众说纷纭，各执己见！据有关学者统计，仅就二十世纪而言，对于金圣叹对《水浒传》的"腰斩"，整个的 20 世纪主要是围绕着两个层面进行研究的。一是就金圣叹是否删改过《水浒传》展开争论，主要有两种观点：1. 肯定说。以胡适、鲁迅、俞平伯、郑振铎、王齐洲等为代表，认为金圣叹删改过（胡适：《〈水浒传〉考证》，《胡适论中国古典小说》，长江文艺出版社 1987 年版，第180 页；鲁迅：《中国小说史略》，上海古籍出版社 1998 年版，第94 页；俞平伯：《论〈水浒传〉七十回古本之有无》，《小说月报》1927 年 19 卷，第 4 期；郑振铎：《中国文学论集》上册，开明书店 1947 年版；王齐洲：《金圣叹腰斩〈水浒传〉无可怀疑—与周岭同志商榷》，《江汉论坛》1998 年第 8 期）。2. 否定说。以罗尔纲、周岭等为代表，强调金圣叹没删改过《水浒传》（罗尔纲：《水浒传原本和著者研究》，江苏古籍出版社 2000 年版，第111—141 页；周岭：《金圣叹腰斩〈水浒传〉说质疑》，文学评

论》1998年第1期）。二是在腰斩《水浒传》的原因和目的上，主要有三种观点：1．否定说。认为腰斩《水浒传》就是反对农民起义，主要以胡适、公盾、马蹄疾、刘大杰等为代表（胡适：《〈水浒传〉考证》，《胡适论中国古典小说》，长江文艺出版社1987年版，第180页；公盾：《不要美化封建反动文人——谈评价金圣叹的两个问题》，《新建设》1963年第7期；马蹄疾：《关于金圣叹腰斩〈水浒〉问题》，《新建设》1963年第8期；刘大杰：《金圣叹的文学批评》，《中华文史论丛》第三辑，中华书局1963年版，第154页）。2．肯定说。腰斩《水浒传》就是支持农民起义，主要以宋云彬、易名、张国光为代表（宋云彬：《谈〈水浒传〉》，《文艺月报》1953年底期；易名：《从"哭庙案"看金圣叹》，《光明日报》1962年3月24日；张国光：《金圣叹是封建反动文人吗？》，《新建设》1964年第4期）。3．矛盾说。主要代表人有傅憨勉、刘大杰、章培恒等。既有同情农民起义的方面，又有痛恨农民起义的方面，呈现出亦此亦彼的矛盾心态（傅悬勉：《关于评价金圣叹的问题》，《文汇报》1962年9月28日；刘大杰、章培恒：《金圣叹的文学批评》，《中华文史论丛》第3辑）。

纵观以上这些对金圣叹"腰斩"《水浒》的论定，显然莫衷一是。因而我们是很有必要来弄清楚金圣叹在评改《水浒传》时的政治立场和观点的。我们知道，一位作家的艺术思想和文学理论虽然在很大程度上与其政治立场和观点不完全相同，但是二者之间往往又会有着千丝万缕的联系，艺术思想和文学理论一般情况下都要受到其政治立场和观点的制约和影响，金圣叹也不例外。或许也正是由于金圣叹在评改《水浒传》的诸多文学语言当中所表现出来的政治立场的模糊性，才会导致后世学者的各种各样的

批评观点。自从金圣叹去世以后，关于他评点《水浒传》的政治立场和观点等问题，就已经成为学者所讨论的重要问题之一了，继而也涉及到对金圣叹本人或褒或贬的一系列评论，但是不管问题如何复杂，我们还是必须从现存的有关金圣叹的文史资料当中，慢慢寻找答案。

在金本《水浒传》的卷首，有着这样一首诗歌："天下太平无事日，莺花无限日高眠"。而结尾之处呢，又有一首诗曰："太平天子当中坐，清慎官员四海分。但见牛羊宁父老，不闻嘶马动将军。"从这几句诗里，我们其实可以很清楚地看到金圣叹所说的"一部大书诗起诗结，"由天下太平所起，而又由天下太平所结。也就是说"天下太平"当是金圣叹的社会政治理想。我们知道，金圣叹生活于明末清初鼎革之际，战乱频繁，老百姓和金圣叹本人无疑对太平的社会生活充满了强烈的渴求和奢望，那个没有战乱，没有贪官污吏和人民安居乐业的理想社会才是金圣叹心目当中最为根本的社会政治王国。也正是从这个角度出发，金圣叹才切实地联系到明末清初的社会实际生活，对《水浒传》进行了一系列的评点，从而进一步表明了自己的社会政治观点。

在《水浒传》当中，当写到那些贪官污吏，土豪恶霸之时，金圣叹便对其大加鞭挞和痛恨，认为正是他们的腐败和堕落造成了社会的腐败和黑暗，而且这也是引起农民起义，社会革命四起的最为直接的原因。而且诸如高俅等辈，往往在封建社会又是结对成群，共同形成了一个残暴的统治和压迫人民的统治网，从而无恶不作，将整个社会搞得一团混乱。"高俅无所不为犹可限也，高俅之伯叔兄弟无所不为胡可限也；高俅之伯叔兄弟无所不为犹可限也，高俅之伯叔兄弟又有亲戚又复无所不为胡可限也；高俅

之伯叔兄弟又有亲戚又复无所不为犹可限也，高俅伯叔兄弟之亲
戚又当各有其狐狗奔走之徒又当各各无所不为胡可限也。嗟夫，
天下者朝廷之天下也，百姓者朝廷之赤子也，今也纵不可限之虎
狼，张不可限之馋吻，夺不可限之几肉，填不可限之溪壑，而欲
民之不畔国之不亡，胡可得也。"（《水浒传》第五十一回夹批）
可以说，也正是这些封建贪官污吏的种种恶行才将人民大众逼上
反抗之路，从而打破了金圣叹心中那个"太平社会"的理想愿望，
所以他对这些贪官污吏可谓恨之入骨！与此同时，金圣叹更是大
胆地将这种导致社会混乱的原因追究到了封建政权的最高统治者
皇帝的身上。《水浒传》当中，多次描写到他对宋徽宗的批判，
例如第三十三回写清风山上的三筹好汉公开宣称，"便是赵官家
驾过，也要三千贯买路钱，"在第一回写端王（即以后的徽宗皇
帝）时，"浮浪子弟门风帮闲之事，无一般不晓，无一般不会，
更无一般不爱"。金圣叹于此处用反语评点到："此乃巍巍盛德"。
这种讽刺之意，显而易见！因而《水浒传》当中所描写的农民起
义更加具有了必然性，代表了封建社会一种崭新的社会力量。金
圣叹还不惜笔墨，大力赞扬了梁山好汉不杀无辜，专门除暴安良
的英雄行为。肯定了他们不取不义之财，不欺压良善之人的高尚
品格。

　　但是我们也必须看到这样一个事实，即金圣叹的确在其思想
深处有着一种难以言说的矛盾性。他有时为梁山起义军所取得的
胜利感到高兴，时而又表现出一种怀疑和恐惧心理。在《水浒传》
第六十回写到阮小五唱道："虽然我是泼皮身，杀贼原来不杀
人。"时，金圣叹于此处批道："分疏奇快，读之一则一喜，一则
以惧。喜则喜其实未尝杀一人，惧则惧其直将杀尽世间也。"由此

可见，金圣叹的内心的确是充满一种矛盾性的。他一方面承认起义军所杀的都是祸国殃民的贪官污吏和土豪劣绅，未曾杀过一个善良之人，为之喜悦；但是另一方面，又对起义军持有怀疑态度，感到恐惧和害怕。这种矛盾的心理当然带有一定的时代特征，据载，正在金圣叹评点《水浒传》的时候，李自成、张献忠等各路农民起义军开始掀起了一系列的反抗革命运动，社会影响很大，因而作为一名封建文人士大夫的金圣叹，产生这种矛盾的心态也是情有可原的，他的矛盾心理当然也是深深地植根于当时的时代和阶级的土壤之中的。

总之，金圣叹作为一位具有批判精神和民主思想倾向的封建文人士大夫，作为一位杰出的小说戏曲评论家和理论家，他的政治思想是充满矛盾性的。他憎恨封建统治阶级的腐朽、黑暗的统治，但是却并没有从根本上要否定封建制度；他虽然肯定人民群众起义的必然性和合理性，对起义军抱有巨大的同情和好感，但是又对其产生各种怀疑和恐惧。他的政治理想是"太平盛世"，他的民主情绪是热烈的，进步的，当然也是具有一定局限性的，所以我们必须坚持科学合理的分析方法，不能一概而论，以偏概全！

其次，就金圣叹的艺术思想和美学原则而言，金圣叹对《水浒传》的批改，也极有可能是完全出于艺术的角度考虑的。作为一位"读书种子"，必然会对"才子书"情有独钟，金圣叹有可能是纯粹想凭借自己出众的文学才华将《水浒传》进行一番评点，企图使自己评改之后的《水浒传》在艺术性和思想性等方面胜过《忠义水浒全传》。我们知道，金圣叹大概是从以下几个方面对《水浒》的结构进行了艺术加工的：从小说所表达的主题上来看，

《水浒传》要表达的主题是"天下无道、乱自上作"的深刻含义，也就不需要"盛夸招安"；从小说题材上来讲，"一部大书七十回，将写一百八人也"，"聚一百八人于水泊"是一个大结束；从表现手法上来看，"始之以石碣，终之以石碣者，是此书大开阖"。从这些方面我们都不难看出金圣叹在有意强调《水浒传》叙事的有机整体性和完整性。因而，金圣叹砍去了后面其余的回数，极有可能是出于故事的完整性和艺术美的角度而考虑的，有着追求作品艺术结构完整性和保留其情节内容的精华性的创作心理。单从艺术创作的角度来看，金圣叹之所以要腰斩《水浒》，是因为他把前七十一回依然看成了一个相对完整和独立的艺术作品。由于《水浒传》前后两个部分优劣相当悬殊，所以他极力贬斥后面四十九回为续貂之作，其艺术表现力远远不如前七十回。金圣叹认为，《水浒传》的前七十回无论是从人物形象的塑造，还是情节，结构的安排和语言艺术等方面都是明显地优于后半部分的。他说："凡人读一部书，须要把眼光放得长。如《水浒传》七十回，只用一目俱下，便知其二千余纸，只是一篇文字。中间许多事体，便是文字起承转合之法。若是拖长看去，却都不见。"（《读第五才子书法》《金圣叹全集》第一卷，第 18 页）。因而，应该说金圣叹是自认为放了长远的眼光从结构的角度来看待《水浒传》的，认为七十回本《水浒传》浑然一体，天衣无缝，各部分协调而匀称，所以从这里不难看出他在腰斩《水浒传》之时的艺术心理的，完全是在其艺术思维和美学原则的作用和影响之下，才做出此种行为的，也可见他的确是对于后四十回持不满意之态度的。

从作品的情节安排来看，《水浒传》的前七十回，特别是前

四十余回，其情节生动而曲折，往往会达到引人入胜的效果。那些表现人物故事的情节设置，都极为合理和巧妙，几乎都是小说人物性格的发展史。例如武松，"景阳冈打虎"、"斗杀西门庆"、"大闹飞云浦"、"血溅鸳鸯楼"等一系列令人惊心动魄的场面，着实让读者看起来血脉膨胀，拍手称快。同样的情况当然还发生在鲁智深、林冲、杨志等人物身上，这些情节设置巧妙，对于表现小说人物形象无疑起到了举足轻重的作用。而反观七十回之后的故事情节，则显得艺术性极为暗淡，各种情节往往花费了大量的笔墨，却对于表现人物形象和推动故事情节无济于事，显得平淡无奇，广大读者也并未对这些故事和人物投入过多的阅读精力，当然就更谈不上阅读兴趣和阅读期待了。也正是由于《水浒传》前后情节描写在艺术性上的巨大差异，才会使得前七十回的故事广为流传，而后半部则鲜为人知。所以，无论是从人物形象塑造上，还是从小说语言所展现给我们读者的艺术魅力上来讲，前七十回似乎都是符合金圣叹"整体性"的艺术思想和美学原则的。所以从艺术风格和艺术魅力的角度而言，后四十九回也完全是可以删除的！

再次，《水浒传》与其他小说有着不同之处，它最为独特和鲜明的特点即为整部小说登场的人物太多，因此应当在一番发放之后，便有一番结束，这样才能作为全书的大结构处。其中，火并王伦以后为一结，华荣、秦明上山之后又为一结，三打祝家庄后重新分配任务再为一结，直到最后水浒英雄在石碣村受天文，则全书一百八人至此一起总结，应当为全书之最高峰。对于此种看法，金圣叹自己如是说道："一部书七十回，可谓大铺排，此一回可谓大结束。读之正如千里群龙，一齐入海，更无丝毫未了

之憾。笑杀罗贯中横添狗尾，徒见其丑也。"，因此从《水浒传》整部书的结构角度而言，六十回之后的很多部分都表现出了不如人意的地方，金圣叹正是看到了《水浒传》的这一缺点，才于此处，以其独到的艺术眼光和美学思想，将其"腰斩"，终以卢俊义一梦作为全书的结束。虽然，这样的结束从艺术角度而言，未免有所突兀，但是却使得《水浒传》的艺术性更强，人物形象也得到了更好的体现，给读者留下了极为深刻的印象。

2. 金圣叹评点《水浒》功过之历史讨论

当我们现在面对着学界所一般公认的金圣叹"腰斩"《水浒》这一事实的问题时，我们当然有必要进一步思考金圣叹这一行为所带来的后果，即我们到底该如何看待金圣叹的这一行为呢？他这一行为的功过到底会是什么样子呢？在笔者看来，如果想要了解和讨论这样一个特别重要的问题，就很有必要结合金圣叹的《水浒传》评点活动来具体给分析，尽量持一种公正客观的眼光来评价金圣叹的其人其业！首先，针对学界所公认的金圣叹"腰斩"《水浒传》这一事实而言，金圣叹的这一行为确实是对我国传统文化和古典小说的一次非常有力的打击，毕竟"腰斩"这一词语充满了贬义的色彩，从而也使得后世很多崇尚和维护传统文化之学者的惋惜和对金圣叹的批评和指责！然而当我们真正走进金圣叹所评点的《水浒传》这样一个狭义的文学世界之中时，我们或许才会真正看清楚金圣叹的历史功过！

可以说，不仅仅是"腰斩"《水浒传》这一行为使得金圣叹处于历史和文学的风口浪尖之上，而今毫不夸张地说，就仅仅凭借金圣叹他本身的存在而言，就一直是一位饱受争议的人物。在十九世纪、二十世纪的时候，由于当时各种时事政治的需要，金

圣叹要么被当局所张扬，要么就被批评，其中最为核心的事件当然就是围绕着"哭庙案"而产生的一些列问题的讨论，之后才慢慢的转变了关于金圣叹讨论的方向，逐渐将批评研究的视角集中于他的小说理论评点之上，在这种批评和研究的活动之中，最有影响力和讨论的热门之一便是金圣叹所评点的七十回版本的《水浒传》，学界各位大家和学者可谓"百家争鸣"，各抒己见！1897年，就有学者在其著作当中盛赞金圣叹对《水浒传》的评点的成就和在小说理论批评史上的重要地位，不仅评点方法多样，而且形式新颖，妙语连珠，沁人心脾，在中国小说评点史上是一位不折不扣的"集大成"者："前乎圣叹者，不能压其才；后乎圣叹者，不能掩其美。批小说之文原不自圣叹创；批小说之派，却自圣叹开也"。同一年，有为日本学者笹川种郎（1870～1949）在其《中国小说戏曲小史》中也专门列出一个章节，来专门性地讨论金圣叹，这点是深值我们国内当前大学教材所思考和借鉴的。他在此章节之中，毫不掩饰自己对于金圣叹小说评点的喜爱和赞扬。他说："在写中国小说戏曲史时将金圣叹专辟一章是有必要的，因为自古以来中国古代的小说戏曲批评家不乏其人，可是称得上具有卓见博识而成大家的，我看只有金圣叹一人当之。"当然，此观点一出，便立即引起国内学界的讨论和强烈响应，继而引起诸多学者对金圣叹的赞许，有学者竟然感慨道"得百司马子长，班孟坚，不如得一施耐庵、金圣叹"（狄葆贤《论文学上小说之位置》）等等，赞誉不绝于口！总之，在当时的学术界，有相当一批学者坚持认为金圣叹在中国小说评点史上所取得的成绩是绝对首届一指的！但是，与此种盛赞相对立的观点也到处都是，可谓俯拾即是。这些学者基本上都是从政治角度展开思考和讨论，

从而彻彻底底地否定金圣叹其人，当然这样的否定也就自然而然地影响到了他的小说评点，可以说完全抹杀了他的小说评点。其中最具有代表性的人物即是燕南尚生在《新评水浒传》中如是说道：

> 金人瑞者，奴隶根性太深之人也，而又小有才焉。负一时之人望，且好弄文墨，阅书籍。彼既批《三国演义》矣，既批《西游记》矣，既批《西厢记》矣……《水浒传》者，专制政体下所谓犯上作乱、大逆不道者也，于是乎以文法批之。然犹恐专制政府大兴文字狱，罪其赞成宋江也，于是乎痛诋宋江，以粉饰专制政府之耳目。批评《水浒》，以钓赞成《水浒》之美名，其计亦良得，其心亦良苦矣。

从这段话语当中，我们可以很清楚地看到，燕南尚生对金圣叹的严厉批评和指责，并对其进行了一种几乎是全方位的否定。像如此否定金圣叹其人其业的观点和言论不胜枚举。总之，在上个世纪初，对金圣叹的很多评价，基本可以分为肯定和否定两个旗帜鲜明的方面，但是我们不能忽视的却是，像这样的观点的产生其背后往往都有着政治因素的作用和控制。随后，对金圣叹作过一个比较全面和认真研究的学者当属历史学家孟森。在他的《金圣叹考》当中，他基本上为金圣叹的生前身后澄清了很多事实，从而说道："当时毁圣叹者亦多，而崇拜圣叹亦不少，身分正合。圣叹之于小说，犹路闰生之于八股，极意发挥奥，然圣叹见地自超，非路所及也。"而这段话，在为我们提供了关于金圣叹研究的同时，却又首次将金圣叹的小说评点和封建八股相联系起

来，给后来的胡适先生提供了极大的方便。因此胡适先生在1920年的《水浒传考证》当中将孟森的观点加以发挥，由于其在近代文学和历史学界的影响力使然，从而对以后的金圣叹研究产生了不可估量的影响。胡适曾说道：金圣叹用了当时"选家"评文的眼光来逐句批评《水浒》，逐把一部《水浒》凌迟碎砍，成了一部"十七世纪眉批夹著的白话文范"！例如圣叹最得意的批评是指出景阳冈一段连写十八次"哨棒"，紫石街一段连写十四次"帘子"和三十八次"笑"。圣叹说这是"草蛇灰线法"！这种机械的文评正是八股选家的流毒，读了不但没有益处，并且养成一种八股式的文学观念，是很有害的。

　　胡适在此言论一出之后，又进一步补充道："金圣叹的《水浒》评，不但有八股选家气，还有理学先生气。……金圣叹把《春秋》的'微言大义'用到《水浒》上去，故有许多极迂腐的议论。"可见，胡适真是不惜笔墨，大肆指责金圣叹的《水浒》评点。但是我们在了解胡适先生批评言论的同时，也应当充分注意到他还是在一定程度上对金圣叹在中国小说批评史上的地位给予了一定的肯定，如他所言："金圣叹是十七世纪的一个大怪杰。他能在那个时代大胆宣言，说《水浒》与《史记》《国策》有同等的文学价值，说施耐庵、董解元与庄周、屈原、司马迁、杜甫在文学史上占有同等的位置，说：'天下之文章无有出《水浒》之右者，天下之格物君子无有出于施耐庵先生右者！'这是何等眼光！何等胆气！……这种见解，在今日还要吓到许多老先生与少先生，何况三百年前呢？"由此段话语看来，胡适还是相对公平地从小说理论和评点的发展史的角度来肯定了金圣叹的文学史地位的。也正是由此缘由，近代很多学者认为，是胡适先生开启了现

代科学意义上关于金圣叹研究的新风气，这倒也符合胡适一向"既开风气，又为师"的身份。随后，胡适先生关于金圣叹的种种言论都在文化界掀起了轩然大波，各种讨论，或是赞同，或是批判，不绝于耳！但是，同样是在二十世纪上半期，对金圣叹评价具有很大影响力的文人学者当属著名文学家鲁迅先生，早在鲁迅写《中国小说史略》的时候，他就很旗帜鲜明地表达了自己对于金圣叹小说评点的观点和态度，他指出金圣叹所评点的《水浒传》"字句亦小有佳处"，只是对于学界所公认的关于金圣叹"腰斩"《水浒传》一事而耿耿于怀，略有不满之意。可是到了后来，大约是在 1933 年之时，当鲁迅读了周作人的《中国新文学的源流》等之后，便专门写过《谈金圣叹》一文，不但从文学批评上说金圣叹"抬起小说传奇来，和《左传》《杜诗》并列，实不过拾了袁宏道辈的唾馀；而且经他一批，原作的诚实之处，结果化为笑谈，布局行为，也都被硬拖到了八股的作法上"；同时，鲁迅还从政治的角度来谈论金圣叹"腰斩"的问题。他如是认为，因为金圣叹是"近于官绅的"，所以"单是截去《水浒》的后小半，梦想有一个'嵇叔夜'来杀尽宋江们，也就昏庸得可以"。同时他还说道"宋江据有山寨，虽打家劫舍，而劫富济贫，金圣叹却道应该在童贯高俅辈的爪牙之前，一个个俯首就缚，他们想不懂。"或许也正是由于大文学家鲁迅的这一番举足轻重的言论，在二十世纪后半期关于批判金圣叹为"反动文人"的活动当中，这些话无疑成为很重要的依据。其实我们都知道，在文学史上要评价一个人是非常困难的，而且又遇到一位像金圣叹这样一位本身就存在着各种各样矛盾和谜一样人生的文学家时，我们更是感到其复杂性和困难性。可是，针对于鲁迅的观点，我们很明显地可以看到，鲁迅

先生当时的观点是相对比较片面的。鲁迅只是看到了金圣叹在小说评点活动中比较坏的一个方面，而没有看到其好的方面，比如金圣叹当时的行为其实在很大程度上就张扬了"五四"运动中所高呼的"白话文"口号，而且并不认为白话文是文学中的旁支，从这个角度而言，金圣叹的思想无疑是具有前瞻性和跨时代性的！

到了 1934 年，当中华书局影印了刘复新得到的《贯华堂原本水浒传第五才子书》时，他在本书的序言当中有过对金圣叹的一番评价，可以说，这番评价是在坚持了实事求是原则的前提下，对金圣叹的一次比较客观公正认识，有助于我们进一步探讨金圣叹评改《水浒》的历史功过问题。他说："金圣叹对于《水浒》之功，第一在于删改；他把旧本中要不得的部分削去了，把不大好的部分改好了。第二在于圈点和批语。有许多人以为圈点和批语很讨厌，大可削去。对于已有文学涵养的人，这话原是不错。对于初学，我却以为正当的圈点和批语，是很有帮助的。……用我们现在的眼光来看金圣叹的《水浒》，他的删改，亦许可以说还没有达到理想的程度；他的圈点和批语，亦许还有些地方过于酸溜溜。但他毕竟是个才子。就全体而论，他对于《水浒》只是有功，不是有罪，他的《水浒》总比其余一切的《水浒》都好。"这样比较全面和实事求是的观点，对于金圣叹小说评点的认识是具有很大价值和意义的，而且我们从这段话当中似乎可以看到现当代某些西方文论的影子，按照刘复先生在序言里的看法，金圣叹所删改的《水浒》对于不同读者的阅读活动有着不同的影响，这样也就涉及到了读者期待视野和作家写作时对产生某一种读者的期许心理等等，可以说这样的评价，是有助于我们继续研究金

圣叹思想资源的价值的挖掘和开发的！所以，在二十世纪上半期内，学界还是在总体上比较肯定金圣叹的，而且令我们感到欣慰的是，学界开始将更多的时间和精力用于研究金圣叹的文学思想，可谓回归到了文学本身这样一个原始的起点！当然在此时期研究金圣叹文学思想的同时，人们还继续讨论了其小说评点的思想方法，例如有学者就认为金圣叹"第一科学头脑。第二能够体会"、说金圣叹懂得"科学的分析法与科学的归纳法"，乃至"现代读书的基本方法"等等，除了这些论述之外，还出现了很多很多关于金圣叹生平逸闻趣事的专门研究，例如《金圣叹轶事》、陈登原先生的《金圣叹传》（1934）等等相关书籍的问世，进一步为人们研究金圣叹其人其业奠定了坚实的基础，提供了相当丰富的研究资料。

在上个世纪三、四十年代，金圣叹也开始被写入了中国文学批评史当中。在方孝岳的《中国文学批评》当中，他说："清代文学批评界，有许多新开辟的领土。金圣叹与李笠翁，都有辟草莱的成绩。从历史方法来看，他们都是上乘词赋家的心法，而脱离了历来文人所守的孔门诗教。"而在朱东润先生的《中国文学批评史大纲》里则更加推重金圣叹的小说戏曲评点，认为他是小说戏曲评点一代之高峰，莫能与之为伍，他正确地指出了金圣叹的"长处在于认识主角之人格，了解全书之结构"，但是与此同时也看到了其中的不足之处，例如在其评点小说戏曲之有"文字之妙"的同时，又常常以"时文之法评点小说处"。这也就是我们后来所注意到的关于金圣叹小说评点的一种具有鲜明自我特色的文学评点特征——侧重主体阐释的文学批评！朱东润又说"读金本水浒传者，不妨当作圣叹自作，一切圣叹对于小说之见地，处处可窥，

至其对于文学之价值，虽有独见，对于批评之使命，则欠忠实，此亦无可讳者。"可以说，朱东润先生在此处的意见，大概是代表了二十世纪上半叶对金圣叹评价的主流意见。

但是，令人感受复杂的金圣叹还没有结束他自身的复杂性。随着时间的推移，进入了二十世纪下半叶，关于金圣叹的评价开始发生了与之前截然相反的变化，可谓风云突变！这一时期，人们又开始侧重从政治角度来评价金圣叹了。而且令我们感到十分惊讶的事情是此一时期的众多学者都从阶级论的角度来批判金圣叹，认为他是一个反动文人。于是，各类批评的文章一起将讨伐的矛头指向金圣叹，而正是由金圣叹所评改的《水浒传》倒是往往会成为人们认为金圣叹反对农民起义的罪证。在这些学者当中，1955 年所出版的由何满子写作的一个小册子《论金圣叹评改水浒传》最具有代表性，它否定了金圣叹及其《水浒传》的整个评点工作，认为："金圣叹评改《水浒传》，将原书作了许多恶意的歪曲，居心叵测地作了不少窜改，加了许多反动的评语，蒙西子以不洁，深重地荼毒了这部具有高度的思想性和艺术价值的古典巨著。"继而，对金圣叹展开了全面的否定，金圣叹更加让人感到扑朔迷离。至六十年代，围绕着金圣叹的诸多问题，在学术界展开了一场异常激烈的辩论。无论是肯定金圣叹的学者，还是否定金圣叹的学者，都坚持己见，代表人物例如前文所提到的公盾，张绪荣先生等人，可是值得我们思考和注意的是，此时期的学术讨论往往会充斥着一种政治的火药味，也就是说，在当时的很多学者所持的观点，基本上都是根据当时的政治环境和时代背景，而各立其阶级立场，各取所好，发表言论，乃至到了文化大革命时期评论《水浒》的运动当中，金圣

叹便很不幸的遭受到各种各样的批判，就连曾经为金圣叹说过些许好话，为其辩论的学者都被当作"仇视人民革命"，扣上反革命的帽子一起批判，金圣叹便在很多的时间内，变成了万恶不赦的"反动文人"。

当荒唐可笑的历史还沉寂在各种口号和批判的声音中时，令人感到欣慰的却是更多的海外学者开始并真正肩负起了研究和评价金圣叹的历史重任，其观点深值我们重视和思考！日本学者大内田三郎作《金圣叹与〈水浒传〉——以金圣叹的〈水浒〉观为主》一书，对金圣叹的《水浒》评点作了较为全面的评价。继之，具有较大影响力的便是 1972 年由美国斯坦福大学王靖宇教授所写作的《金圣叹》一书，全书共分七章，对金圣叹作出了全面的分析和评价。此书，前二章重在讨论金圣叹的生平事迹和先行者，第三章讨论金圣叹的文学理论，第四章讨论金圣叹的《水浒》评注，第五、六章则分别讨论金圣叹的《西厢记》与杜诗的评注，等等。可见，研究和评述金圣叹的问题在六七十年代就开始具有了国际性色彩，金圣叹研究也慢慢走向了世界学者的研究范围之内。而在国内，到了文革结束之后，伴随着政治形势发生变化，人们又开始为金圣叹"翻案"，其最为主要的代表则是张国光先生，在于公盾等人的学术论辩当中，金圣叹又开始被冠以"我国杰出的启蒙思想家"等称号。认为其思想当中虽然有着一定的封建社会的糟粕，但是其主要部分还是能够突破儒家传统的观念和思想藩篱，具有进步的民主性思想观念的，甚至最封建君主专制制度表示了怀疑和否定！在对金圣叹"翻案"的同时，各种由金圣叹所著的书籍也开始由各大具有权威性的出版社相继出版问世，例如上海古籍出版社于 1978 年影印出版的《沉吟楼诗选》，就给

学者们提供了以前难以见到了珍贵的研究资料，而且也为研究金圣叹的生平和思想创造了更好的条件。于是，在一个相对较好的学术环境当中，对于金圣叹小说评点以及文学理论的研究也逐步深入，各种专门性的论述文章就有200余篇，各类专门性的著作也相继出版，这些文章和书籍从艺术创作、艺术真实、人物典型论、细节论等各个角度开始研究金圣叹的文学思想，而且在与历史上那些文学家思想家和外国学者的比较研究过程中，研究金圣叹的视野更是很大大地拓展开来了。

综上所述，我们从因删改《水浒传》角度入手，梳理了历史上关于金圣叹评点《水浒传》的历史功过问题，可以说百家争鸣，各执己见。但是，也正是在这样一个发展和变化的评价过程当中，在相关问题和矛盾的不断探讨和解决的过程中，给我们当下关于金圣叹的研究提供了一些新的思路和研究方法！第一，就是评论一位文学家思想家的学问和其做人之间的关系，这点在金圣叹的讨论当中，可以说表现的异常充分。从我国传统的文学历史观念来看，在论学和论文之时，往往会先论其人，而论人又往往会以传统道德为其准则和评价标尺。金圣叹就是这样的一个具有代表性和典型性的范例。在"政治标准第一"的原则之下，艺术原则和美学原则往往只能退而求其次，将金圣叹批判为不知礼义廉耻之人，骂他为"清廷的奴才"，"封建反动文人"等等，因而，无论金圣叹的小说戏曲评点有多少历史功绩，在政治原则的衡量之下，全都化为乌有，其文学才能也当然会被一笔勾销。反之，当很多学者都开始为金圣叹"翻案"的时候，也会美其名曰"抗清英雄"、"杰出的启蒙思想家"等等，但是我们一定要明白，在研究文学的时候，虽然不能将文学研究和人学研究二者完全割裂开

来，但是更不能简单地将二者化为等号，机械地用人品来等同或者代替其文学。我们应该坚持科学的态度，坚持实事求是的原则，来充分考量金圣叹在我国文学历史长河当中所作出的杰出贡献！总之，我们绝对不能简单地"以人论学"；第二，在评价历史人物的时候，我们更不应该简单地用某一历史时期或者当下的"政治标准"去生搬硬套，这种学术研究的贪渎和方法是极为不科学的，也是对历史人物的一种不真实的历史描述。当政治原则凌驾或者代替了艺术原则和审美原则的时候，学术本身所具有的严肃性和科学性就会丧失殆尽；第三，所谓"知人论世"也必须在对其人进行全面的关照之下，才能够作出相对比较全面和客观的结论，不能仅仅抓住一点，就以偏概全。众所周知，金圣叹的思想的确是比较复杂的，也充满了各种各样的矛盾性，正待我们去探讨和揭秘，但是不能因为其在评点《水浒》之时，反对百姓"犯上作乱"，确实也骂过梁山好汉；但是另一方面，他又认为梁山好汉之所以被逼上梁上，确实是由于朝廷的残酷统治和欺压，他也对梁山英雄作出过由衷的赞美，因而金圣叹就是一个复杂的活生生的存在，我们就应当对其进行历史的、实事求是的评价，而不应该要么是全面否定，要么就是极端肯定，采取这样较为极端的立场和评价态度，这是极其不科学的！所以，金圣叹是复杂的，我们的研究过程也是相对比较复杂的，这就是文学史上说不尽的天下奇才——金圣叹！

（二）金圣叹批改《水浒传》之贡献探讨

金圣叹因批改《水浒传》所受到的或褒或贬的发展历史过程，我们在上一个问题已经进行了一番较为详尽的讨论，那么，接下

来我们将要面对的一个很重要的问题就是金圣叹批改《水浒传》到底有没有为我国文学的发展做出贡献呢？众所周知，《水浒传》是我国家喻户晓的古典文学名著，但是有一个问题确是我们无法忽略的，即《水浒传》的成书过程问题。可以说《水浒传》不同于一般性的古典小说，它既不是由一个作者所单独完成的文学作品，也不是几个有文学创作梦想的人合著的产物。应该说《水浒传》是在许许多多不同时期，不同地点的民间艺人和封建文人的共同参与和创作之下才完成的一部经典文学作品，尤其是当它成书和出版刊印之后，更是新旧版本交互错乱，问题显得更加复杂。而由金圣叹所批改的七十回本《水浒传》则相较于原本，有了一个全新的思想性和艺术性。那么，金圣叹评点和腰斩了《水浒传》这一文学创作行为到底有什么意义可言呢？我们知道，在我国传统的封建社会时期，由于儒家思想一直被视为封建文化的正统思想文化，所以这样极具较高社会地位的统治思想和长久以来所形成的封建文化制度和文化心理，难免使得像小说这样被称为"小道"和"街谈巷语"的稗官野史，在中国传统的文学体系当中失去了位置，而一直处于一种被压抑和遭受到禁锢的地位。可是到了明朝末期，这些小说评点派人物的出现，就开始慢慢改变了人们对小说的传统性的认识和看法，李贽是最早评点白话小说的文学思想家，而金圣叹则继承了明代李贽等人的文学批评传统，把诸如像《水浒传》这样具有通俗性的小说和戏剧开始与传统的被视为高雅之作的诗文相提并论，甚至认为小说等具有比诗文更高的文学价值和社会意义。因而，便有学者开始指责金圣叹"以小说、传奇跻于经史子集是失伦"（归庄《诛邪鬼》P156），这也恰好在一定程度上说明了文学历史的发展和进步。也正是由于金圣

叹的精心而巧妙的评点，才使得《水浒传》具有了超前的艺术魅力，为其他书所无法比拟。

第一，金圣叹大胆地删去了原本书名之中的"忠义"二字。我们知道，当原本在标榜"忠义"二字之时，顾名思义，就是想要给《水浒传》冠以"忠义"的美名，企图向封建王权献媚。可是金圣叹则毫不留情地将"忠义"二字删除，从而否定了《水浒传》原有的"忠义"色彩，同时还将"水浒"二字解释为农民军割据地之意，说水浒英雄一百零八人"殆不止于居海避纣之志"，从而可见，经由金圣叹所批改的七十回本《水浒传》首先就旗帜鲜明地标榜了自我的旗帜——不再鼓吹封建社会忠君思想了！

第二，在金圣叹所批改的七十回本《水浒传》之中，从整体结构上而言，认为这部小说应当止于水浒英雄排位座次。金圣叹如是说道：《水浒》"叙一百八人而终之以皇甫相马。"接下来又批到"这里方是梁山泊大聚义处"一句时说"一百八人以一句总收之，笔力奇葩！"而在第七十回的回首总批中，金圣叹又说道：此回"可谓大结束。读之，正如千里群龙一齐如海，更无丝毫未了之憾；笑杀罗贯中，横添狗尾，徒见其丑也！"于是，他便毅然决然地砍去了全本《水浒传》的后四十九回，其目的应该在于要彻底结束和消除原本所描写的投降主义思想。

第三，金圣叹强调了《水浒传》的主题是逼上梁山，从而表现了既反对贪官污吏，又反对封建皇帝的思想。在旧本的《水浒传》当中，我们可以看到，水浒英雄往往只是反对贪官而不反对封建政权的最高统治者皇帝，处处表明其"忠君"思想。当宋江把高俅捉上上寨之时，竟然还处处表现出一幅恭敬之态，请其正

面而坐，一拜再拜！而在金圣叹的笔下，则毫不留情地将高俅作为最黑暗的封建政治势力的典型代表加以批评和指责。同时，金圣叹又将旧本的第一回"误走妖魔"截去而置于书前作为《楔子》，也就是批改之书的开场白，一般与正文无关。而已高俅发迹之事作为全书的第一回，这就从一定程度上否认了农民革命是杀星下凡扰乱天下的错误认识，从而突出了农民起义是被"逼上梁山"的主题。金圣叹如是痛骂道："当时朝廷无人不如高俅！"可是当我们接下来看到"夫江等之终皆不免于窜聚水泊者，有迫之必入水泊者也。"这句话时，读者一定会想到，到底是谁迫害了这些无辜的梁山英雄呢？金圣叹给出了自己的答案："万方有罪，罪在朕躬！成汤所云，不其然乎？"，因而，金圣叹就将批判的矛头直接指向了封建社会的最高统治者——皇帝，小说当中所描述的宋徽宗，同时也借机暗讽崇祯皇帝。

　　第四，金圣叹彻底改造了《水浒传》主人公宋江的人物形象。有些学者一致认为金圣叹所批改的《水浒传》"独恶宋江"，从而对其发难。可是仔细阅读七十回本《水浒传》，我们不难发现，金圣叹其实是将宋江的形象进行了一番精心的艺术改造，使之面貌焕然一新。由宋江所掀起的三次投降高潮，出卖农民革命事业，镇压三批农民起义军和多次破坏梁山弟兄再度起义的罪行，都被金圣叹巧妙地改造了，从而将宋江的面貌进行了全新的质变。在七十回本当中，宋江完全成为了一位有着"非常之才和非常之志"的人中俊杰，人们从金圣叹的批改中已经充分肯定了旧本所谓宋江"有忠义之心，心心图报朝廷"，"实万万不然之事"。而都同意金圣叹的说法，即认为宋江"一心报国，日望招安之言，皆宋江之所以诱人入水泊"。也就是说

宋江本来打心底就有着革命之意，尤其是浔阳题诗，更是表现的淋漓尽致！

第五，在金圣叹的艺术世界里，除去宋江之外的一百零七人也在金圣叹的美化下，变成了一个个农民起义军的首领。金圣叹将这个由诸多梁山好汉所构成的领导集团和主要人物的形象都加以净化和美化，否认了他们思想当中的投降妥协思想成分，而更加突出了他们的反抗性和革命性，比如李逵、武松和鲁达等人，经过金圣叹巧妙的艺术改造，他们的形象简直在读者的心目中活泛了起来，留下了极为深刻的印象。

第六，也正是由于金圣叹的删改，才更加使得《水浒传》变成了一部描写了荡气回肠的农民起义的革命颂歌。金圣叹从整部小说的结构出发，将原本七十一回之后的大聚义以后集中描写水浒英雄投降的事迹和诅咒农民革命军必然无力反抗封建王权的革命英雄们都难免要遭受到灭顶之灾的结局改变成了一场轰轰烈烈的大聚义的胜利结局而结束全书。只有这样的结局，才能突出《水浒传》这本书的真正含义———一部"怒书"。从而在很大程度上鼓励了后来的农民起义革命运动，彰显了封建社会劳动人民反抗封建等级制度和礼教压迫的革命性和自信心！因而，可以说，金本《水浒》无论是在整部小说的思想内容上还是在其艺术性上，金圣叹所做的批改是取得了很大成功的。使得整部小说在反映了人民群众被逼上梁山的曲折而痛苦的历程的同时，歌颂了封建社会的农民起义斗争和敢于革命的精神和勇气，体现了我们中华民族和广大劳动人民热爱自由反抗压迫的优良革命传统！

综上，当我们现在阅读金圣叹所批改的《水浒传》之时，我

们不妨将其看作是金圣叹的自作。如果从此角度着眼，那么我们将会在金本《水浒》之中，很清楚地看到金圣叹对于小说评点和文学批评理论的独特见地，当然，金圣叹对于中国古典文学理论的价值，也当处处窥见！

第四章　金圣叹的美学思想

金圣叹的评点文学批评理论，自从问世之日起，就一直是中国古代文论特别是小说戏曲理论研究中最有争议性的热点问题之一。正如黄霖先生所言：

> 金人瑞，是我国小说戏曲评点史上最负盛名、最有影响的人物。然而，长期以来，人们对他毁誉不一，分歧极大。这主要是由于他的思想本身极其复杂矛盾所造成的。（王运熙、顾易生主编《中国文学批评史》下册，上海古籍出版社 1985 年版，第 336 页）

也正是因为金圣叹小说戏曲评点理论的独特性和无拘无束性，才使得他同时代或者稍后的人们对他就已经有着反差很大的评价了。金圣叹的小说理论和美学思想，主要体现在他对《水浒传》的评点之中，他在继承了前人特别是小说评点派的研究成果的基础之上，又有着自己的创新和开拓之处。例如在小说评点的形式之上，他就大胆地打破了传统的只有夹批、眉批、回评的一般固定的模式，而增设了"读法"、"序言"等新的内容，并且也对全

书作出了综合性的概括和总论。可以说，自从金圣叹的小说理论一出，就广泛引起了文学界的强烈反响，也对中国古代乃至现当代小说理论的批评发展产生了十分巨大的影响。当代美学大师叶朗先生在其《中国美学史大纲》（上海人民出版社 1985 年 11 月第一版 P362—363）中如是盛赞金圣叹道：金圣叹是中国美学史上的一位天才。他对小说艺术有很深的理解和研究。他的美学思想极其丰富，其中包含了很多合理的、深刻的见解。特别是他关于塑造典型性格的见解，无论就其深度或广度来说，在中国美学史上都是空前的。他在其他方面的论述，也有很多精彩的、富有启发性的内容。我们读金圣叹的《水浒传》评点，如从山阴道上行，有应接不暇，美不胜收之感。应该说，中国古典的小说美学，只是到了金圣叹才算是真正建立起来。这是金圣叹在中国美学史上划时代的贡献。清代有一位小说评点家冯镇峦，曾经指出金圣叹在美学上的贡献。他说："金人瑞批《水浒》《西厢》，灵心妙舌，开后人无限眼界，无限文心。"（冯镇峦：《读聊斋杂说》）从小说美学的发展史来看，这种赞扬并不过分。当我们回顾有关于金圣叹研究的历史及其现状时，我们很容易就会发现以往人们对于金圣叹的研究大多数是集中于他的生平思想、处世心态、批点《西厢记》《水浒传》的政治立场、对满清王朝的态度等等多个方面的，而且这些方面的研究也的确是以往学界关于金圣叹研究的热点问题和重点问题，讨论观点无数，争论颇多。纵观金圣叹及其文学批评理论研究，我们不可否认，他的文学思想的确是十分深刻的，而且在一定意义上是具有超前性或者超时代性的，这点不仅仅体现在小说理论的范围之内，而且也体现在整个中国古代文论之中。但是，长期以来，金圣叹尽管很有名，金圣叹小

说美学思想的丰富性和深刻性，却很少为人所知，金圣叹在美学史上的卓越贡献，也远没有得到应有的评价。因此，我们当下学界对于金圣叹文学批评理论的研究程度和力度还远远没有达到预期的程度。或许是由于金圣叹小说评点理论在表现形式上的独特性和新颖性以及长时期以来人们对于金圣叹所形成的某种偏见性的观念，使得金圣叹研究工作没有引起学界足够的关注，所以我们很有必要将文学研究的注意力转移到关于金圣叹的研究工作上来，以便挖掘更多的未曾开发的，且能够对我国当下文学理论的发展产生巨大推动作用的文学理论资源！

（一）典型环境与典型性格

金圣叹对《水浒传》评点在艺术上最大的贡献是深刻地分析了《水浒传》中的人物形象塑造的特点，指出了《水浒传》各种不同人物都具有鲜明而独特的性格特征。他在《水浒读法》中如是说道："别一部书看过一遍即休，独有《水浒传》只是看不厌，无非为他把一百八个人性格都写了出来。《水浒传》写一百八个人物性格，真是一百八样，若别一部书，任他写一千个人，但只是一样，便只写得两个人，也只是一样。"其《水浒传序三》中说道："《水浒》所叙，叙一百八人，人有其性情，人有其气质，人有其形状，人有其声口。"小说艺术的核心就是要创造与众不同的典型性格，金圣叹对《水浒传》的批评就紧紧地抓住了这一核心。他在总结和吸取李卓吾及容与堂本等的成就的基础之上，对《水浒传》中创造独特性格的艺术经验作了全面而深刻的理论研究和分析，提出了许多有价值的重要思想，对后世小说创作和批评史产生了极为深远的影响！金圣叹关于塑造典型人物的理论，主要

有以下七个方面的内容：

第一，金圣叹第一次把塑造典型人物提到了小说艺术的中心地位。他指出，小说的美感力量，小说对人的灵魂的净化作用和对人的道德的升华作用，主要都是依赖于典型人物的塑造。他曾有过几段极为精彩的论述：

别一部书看过一遍即休，独有《水浒传》只是看不厌，无非为他把一百八个人性格都写了出来。《水浒传》写一百八个人物性格，真是一百八样，若别一部书，任他写一千个人，但只是一样，便只写得两个人，也只是一样。（《读第五才子书法》）

阮小七是上上人物，写得另是一样气色。一百八人中，真要算做是第一个快人。心快口快。使人对之，龌龊销尽。（《读第五才子书法》）

写李逵遇焦挺，令人读之，油油然有好善之心，有谦抑之心，有不欺人之心，有不自薄之心。真好铁牛，有此风流，真好耐庵，有此笔墨矣。（第六十六回回首总评）

写鲁达为人处，一片热血直喷出来。令人读之，深愧虚生世上，不曾为人出力。孔子云，"诗可以兴"，吾于稗官亦云矣。（第二回回首总评）

在这四段话中，第一段话指出一部小说的美感力量的大小主要决定于这部小说是否成功地塑造出典型性格。后三段话是说，小说中塑造的英雄人物的典型，可以对人的精神起到一种振奋、鼓舞、净化、升华的作用。所谓"使人对之，龌龊销尽"，就是灵

魂的净化。所谓"令人读之，油油然有好善之心，有谦抑之心，有不欺人之心，有不自薄之心"，以及"令人读之，深愧虚生世上，不曾为人出力"，则是道德上的升华。金圣叹认为，这就是孔子所说的"兴"。

第二，金圣叹提出"性格"这个范畴，用来概括典型人物的个性特点。也就是说，人物塑造的个性化要求，在金圣叹这里，已经用美学的范畴的形式固定了下来。他认为要使人物形象传神和逼真，则必须善于写出人物性格中的"同中有异"，这是对容与堂本"同而不同处有辨"的进一步发挥，只有写出了"同中有异"，这才是真正的本事，才能使得小说的人物形象更加典型和鲜明化、个性化。金圣叹下面两段话是很有名的：

> 《水浒传》写一百八个人性格，真是一百八样。若别一部书，任他写一千个人，也只是一样，便只写得两个人，也只是一样。（《读第五才子书》）
>
> 《水浒》所叙，叙一百八人，人有其性情，人有其气质，人有其形状，人有其声口。（《水浒传》序三）

像这样的话，金圣叹反反复复地说了很多。例如："各自有其胸襟，各自有其心地，各自有其形状，各自有其装束"，"定是两个人，定不是一个人"，等等。这些话都是强调，典型人物必须具有独特的个性。当然，金圣叹说的个性，是和共性统一的，个性正是寓于于个性之中。下面这两段话把这种意思表述得很清楚：

> 《水浒传》只是写人粗鲁处，便有许多写法：如鲁达粗鲁

是性急，史进粗鲁是少年任气，李逵粗鲁是蛮，武松粗鲁是豪杰不受羁绊，阮小七粗鲁是悲愤无处说，焦挺粗鲁是气质不好。（金圣叹《读第五才子书法》）

任凭提起一个，都似旧时熟识。（金圣叹《读第五才子书法》）

以写人的粗鲁为例，金圣叹在《读第五才子书法》所言：

《水浒传》只是写人粗鲁处，便有许多写法。如鲁达粗鲁是性急，史进粗鲁是少年任气，李逵粗鲁是蛮，武松粗鲁是豪杰不受羁绊，阮小七粗鲁是悲愤无处说，焦庭粗鲁是气质不好。

都是粗鲁，又随着各人的思想品质、生活经历。文化教养等的不同而各有明显的差别，这样就显出了各人不同的个性。又如第二回评语写到：

此回方写过史进英雄，接手便写鲁达英雄；方写过史进粗糙，接手便写鲁达粗糙；方写过史进爽利，接手便写鲁达爽利；方写过史进剀直，接手便写鲁达剀直。作者盖特地走此险路，以显自家笔力，读者亦当处处看他所以定是两个人，定不是一个人处，毋负良史苦心也。

鲁达和史进两人之间有很多的共同之处，但是作者写来却完全是两个性格鲜明的不同的人，而不是一个人。尤其是金圣叹指

出的，作者偏偏要把他们两人的相同特点放在一处来写，而又叫读者能够清楚地看到他们各人是各人，一些相混不得，从对比之中来突出人物鲜明的个性特征。史进本来是财主家的少年公子，而鲁达则是军官出身，粗放惯了。他们的气概性情自然不同。第十二回写杨志与索超在北京比武，一场恶斗，周围人都看得惊呆了。然而观看的人中由于身份各不相同，其表现情状也各不相同。金圣叹于此批道：

> 又要看他每一等人，有一等人身分。如梁中书只是呆了，是个文官身分。众军官便喝采，是个众官身分。军士们便说出许多话，是众人身分。李成、闻达叫好斗，是两个大将身分。

金圣叹在这里指出由于人物的身份不同，所以在对待同一件事情上也会各有不同的态度和表达的方式。掌握好这一表现方法，就能使小说人物性格鲜明如画。

第三，金圣叹特别强调人物肖像、动作和语言的性格化、个性化。他认为这是塑造典型人物的主要方法。他有大量批语都是谈这方面的内容。例如："'黑凛凛'三字，不惟画出李逵形状，兼画出李逵顾盼，李逵性格，李逵心地来。"这是讲人物肖像的性格化。"写鲁达阔绰，打人亦打得阔绰。"这是讲人物动作的性格化。"《水浒传》并无'之''乎''者''也'等字，一样人，便还他一样说话，真是绝奇本事。""是鲁达语，他人说不出。""定是小七语，小二小五说不出。爽快奇妙不可言"。"如此妙语，自非李大哥，谁能道之。"这些话是说人物语言的性格化。特别是第五十七回一条批语："句句使人洒出热泪，字字使人增长义气。

非鲁达定说不出此语，非此语定写不出鲁达。"这是对于典型性格和性格化语言之间的同一性的很好的概括。

第四，金圣叹强调，人物描写必须合情合理，合乎人情，使读者感到是亲切的，可信的。他特别注意到《水浒传》中的人物塑造善于使人物合乎"人情物理"，而不是故意把英雄人物拔高、神化，使人感到他们既是理想的英雄，也是现实的、活生生的人。在第二十二回评语中说道："天下莫易于说鬼，而莫难于说虎。无他，鬼无伦次，虎有性情也。说鬼到说不来处，可以意为补接；若说虎到说不来时，真是大段着力不得。"他指出，施耐庵写武松打虎的优点即在于能够做到："皆是写极骇人之事，却尽用极近人之笔"。他提出"极近人之笔"这个重要的概念，用来概括塑造英雄人物典型的现实主义要求。金圣叹的这个思想，在古典小说美学的发展中，显然带有承上（叶昼）启下（张竹坡）的作用。

在对武松打虎这一段的具体的分析中，金圣叹指出此段写武松并不是神，他对老虎也有着害怕的心理，他虽然有打虎的威力，但是毕竟也是人，也累，如果再有老虎出来的话，估计武松也很难打得过了。于是金圣叹说：

读打虎一篇，而叹人是神人，虎是怒虎，固已妙不容说矣。乃其尤妙者，则又如读庙门榜文后，欲待转身回来一段：风过虎来时，叫声"阿呀"，翻下青石来一段；大虫第一扑，从半空里撺将下来时，被那一惊，酒都做冷汗出了一段；寻思要拖死虎下去，原来使尽气力，手脚都苏软了，正提不动一段；青石上又坐半歇一段；天色看看黑了，惟恐再跳一只出来，且挣扎下冈子去一段；下冈子走不到半路，枯草丛中钻出

两只大虫，叫声"阿呀，今番罢了"一段。皆是写极骇人之事，却尽用极近人之笔，遂与后来沂岭杀虎一篇，更无一笔相犯也。

金圣叹认为对英雄人物的不寻常的描写，也必须要合情合理，这样才能给人以真实、自然之感，而其结果也就会更加使人敬仰。如果把英雄变成神，夸大的不近情理，那么就必然会失去真实感，使小说在很大程度上丧失其艺术魅力。

第五，金圣叹还研究了人物描写中的正反、顺逆、动静、隐显等等辩证的关系，提出了一套塑造典型性格的方法。例如："要写李逵朴直，便倒写其奸猾。"这是从反面下手来表现人物的性格特点。这种方法，后来毛宗岗称之为"用逆"。又如"要衬石秀尖利。不觉写作杨雄糊涂。"这是在对比中来刻划人物的性格特点。这种方法，金圣叹称之为"背面铺粉化"，后来毛宗岗则称之为"用衬"，如此等等。

第六，金圣叹还从认识论的高度对塑造典型人物的问题进行了探讨。他提出了一个问题：小说家以一个人而创造这么众多的人物，有豪杰，有奸雄，有淫妇，有偷儿，怎么可能个个逼真，而且各各不同，互不重复呢？他的回答是：小说家不必对这些人物一一亲身体验（当然也不可能一一亲身体验），只要他善于"格物"，善于观察、分析、研究产生各种现象的"因""缘"，就可以把各种人物塑造出来，不仅可以个个逼真，而且可以各各不同。因为在实际生活中，每个人物之所以成为这个人物（例如某一个小偷之所以成为小偷）的"因""缘"都是各各不同的。

第七，金圣叹指出了《水浒传》中还善于借次要人物的陪衬

描写，从而来突出主要人物的性格。第二回写鲁达在酒店中碰到唱曲的金老父女，同情他们的遭遇，要凑钱来救济他们，因自己身上带的银子不够多，变向史进借。史进拿出十两，说："直什么要哥哥还！"金圣叹于此处批道："史进银，多似鲁达一倍，非写史进也，写鲁达所以爱史进也。"接着又向李忠借，说："你也借些出来与洒家。"李忠便从身边摸出二两银子，鲁达当面就说他："也是个不爽利的人！"金圣叹批道："虽与鲁达同是一摸字，而一个摸得快，一个摸得慢，须知之。"又说鲁达骂他不爽利，"真是眼中不曾见惯"。说明此处写李忠小气也是为了反衬出鲁达的豪爽性格。又比如第二十六回写武松在杀西门庆后到阳谷县自首后，又被解到东平府。"且说陈府尹哀怜武松是个仗义的烈汉，时常差人看觑他。因此节级牢子都不要他一文钱，倒把酒食与他吃。陈府尹把这招稿卷宗都改得轻了，申去省院详审议罪；却使心腹人赍了一封紧要密书，星夜投京师来替他干办。"金圣叹于此处下文批道："此篇写武松既写得异常，则写四边人定不得不都写得异常。譬如画虎者，四边草木都须作劲势，不然，便衬不起也。不知文者，竟漫谓难得陈文昭，真痴人说梦矣。"金圣叹指出作者不仅把陈府尹和节级牢子写得这么好，正是为了要突出武松是一个刚强烈汉。"不然，便衬不起也"，草木都作劲势，老虎的神威也就更加吓人了。

金圣叹关于塑造典型人物的这些理论，在古典小说美学的发展历史上影响是很大的。

（二）"三境"说

"三境"说的观点可以说贯穿了金圣叹一生几乎所有的文学批

评之中，从而也便成为了富有美学意义的基本指导思想。我们在这里对金圣叹所提出的"三境说"进行一番简单的阐释，是有助于我们认识和了解金圣叹美学思想当中"儒、道、佛"三家思想杂糅和融混贯通的重要特点的。金圣叹在《水浒传序一》中提出的文章"三境"说，是他评价《水浒传》的基本的美学指导原则。他说：

> 心之所至，手亦至焉者，文章之圣境也；心之所不至，手亦至焉者，文章之神境也；心之所不至，手亦不至焉者，文章之化境也。

金圣叹的"三境"说的直接思想来源，是李卓吾《杂说》中的"化工"、"画工"说。大体上来说，他的"化境"即李卓吾之所谓的"化工"境界，而其"圣境"则是李卓吾所谓的"画工"境界，而其"神境"则是介乎李卓吾"化工"与"画工"之间的一种境界，他既有"化工"的成分，又没有完全脱离"画工"的境界。从中国古代评画的评级来说，有逸、神、妙、能四等（见宋代黄休复《益州名画录》），其"逸品"即是"化境"的产物，其"神品"即是"神境"的产物，而"妙品"、"能品"大致相当于"圣境"的产物。金圣叹运用中国古代对心手关系的论述，来分析这三种境界的特点。所谓"心之所至，手亦至焉者"，指心能自由地指挥手，手能适应心的要求，这从"人工"的角度来说，已经是很高的水平了，并非一般人所能达到的，故曰"圣境"。至于所谓的"心之所不至，手亦至焉者"，指心没有完全想到的，手也能够神妙莫测地表达出来了。这种境界比"人工"要高出很多

很多，已经有了某种非"人工"所能达到的水平，但是还没有完全与自然相合，也就是庄子所说的还是"有待"的，故曰"神境"。至于所谓的"心之所不至，手亦不至焉者"，则是指已经达到了心、手两忘，完全没有了"人工"的痕迹，而合乎化工造物的境界了。这也就是庄子所说的"天籁"境界，亦即达到了"以天合天"，进入了"物化"状态的那种境界，如庖丁解牛中所描述的那种境界。

当我们从语源的角度来考察金圣叹所提出的"三境"说之时，我们会看到金圣叹的"三境"说是与庄子的思想有关联的。众所周知，在庄子著名的《逍遥游》一文当中，他就曾提出过"至人无己，神人无功，圣人无名"的观点，因此，"圣"、"神"、"至"便成了三种高下有别的不同境界。其中，"神"和"至"二者是比较接近的，属于超凡脱俗的高境界，而"圣"的境界则低于该二者处于低一层次的地位。而且从金圣叹一生所从事的文学活动角度来看，他也是极其喜欢《庄子》的，而且也是特别喜欢《逍遥游》一文的。例如他在《杜诗解》中讲到：

尝读《庄子》内篇七，以三字标题，及观题字之次第，必以《逍遥游》为首。何以故？"游"是圣人极则字，"逍"有逍之义，"遥"有遥之义，于游而极，《鲁论》"游于艺"是也。余尝为之说曰：人不尽心竭力一番，做不成圣人，故有"志""据"字。人不镜花水月一样，赶不及天地，故有"依""游"字。

由此比照可见，金圣叹"三境"说的提出实际上是与庄子在

金 圣 叹

《逍遥游》等文章中所主张的"至""神""圣"三种境界相通的，他们的提法是极为相似的，可以互相理解，而且从思维模式上来讲，金圣叹受到庄子思想的影响也是比较明显的。

金圣叹在《水浒传》全书的评点过程中，都贯穿了这个美学标准，用"化境"来衡量和评价《水浒传》的艺术描写，特别是人物的塑造。这一点在他分析著名的武松打虎这一段时，有着非常明显的表现。他说：

> 我常思画虎有处看，真虎无处看，真虎死有处看，真虎活无处看，活虎正走，或犹偶得一看，活虎正搏人，是断断必无处得看者也。乃今耐庵忽然以笔墨游戏，画出全副活虎搏人图来，今而后，要看虎者，其尽到《水浒传》中，景阳冈上，定睛饱看，又不吃惊，真乃此恩不小也。

> 传闻赵松雪好画马，晚更入妙，每欲构思，便于是密室解衣踞地，先学为马，然后命笔。一日管夫人来，见赵宛然马也。今耐庵为此文，想亦复解衣踞地，作一扑、一掀、一剪势耶。东坡《画雁》诗云：野雁见人时，未起意先改，君从何处看，得此无人态。我真不知耐庵何处有此一副虎食人方法在胸中也。圣叹于三千年中，独以才子许此一人，岂虚誉哉。

在这两段话的评语中，我们可以看出金圣叹指出施耐庵对武松打虎这一段的描写已经达到了"化境"的阶段，是"全副活虎搏人图"。本来活虎搏人的情状"是断断必无处得看"的，全凭作者的想象和虚构，然而施耐庵却能够把它写得十分逼真，像化工造物一般。此种"化境"的获得要求审美主体和审美客体达到高

度的统一，进入"物化"状态，有如赵松雪之"宛然马也"，然后才能够达到苏轼《画雁》诗中所说的"无人态"。他在第十二回的评语中说道："古语有之：画咸阳宫殿易，画楚人一炬难；画舳舻千里易，画八月潮势难。今读《水浒》至东郭争功，其安得不谓之画火、画潮第一绝笔也。"其第九回评语又说："旧人传言：昔有画北风图者，盛暑张之，满座都思挟纩；既又有画云汉图者，祁寒对之，挥汗不止。于是千载啧啧，诧为奇事。殊未知此特寒热各作一幅，未为神奇之至也。耐庵此篇独能于一幅之中，寒热间作，写雪便其寒彻骨，写火便其热照面。昔百丈大师患疟，僧众请问：'伏惟和上尊候若何？'丈云：'寒时便寒杀阇黎，热时便热杀阇黎。'今读此篇，亦复寒时寒杀读者，热时热杀读者，真是一卷疟疾文字，为艺林之绝奇也。"金圣叹所引用的中国画论史上的这些著名的论述，都是对那种逼真、传神而合乎造化自然的"化境"之赞美，而它们都被金圣叹用来赞扬《水浒传》的艺术描写了。

从表层来看，"三境"说谈的是文学作品所达到的艺术高度问题。但是当我们深入思考该理论之后，便会清楚地发现隐藏在其背后更深一层的含义。金圣叹所提出的这三种不同的艺术境界之间的主要差别就在于"至"与"不至"。而"至"与"不至"二者之间的分别又表现在"心"和"手"两个方面。大体而言，金圣叹提出的"三境"说的主旨在于圣境与神境、化境之间的对比之上。其意义的第一层次就表现为言外意的问题，即就是"手"的至与不至的问题。第二层次则为"心"的至与不至的问题。具体而言，"手"就是用笔，即文学作品写作过程之中的遣词造句、布局行文等笔墨的运用问题，是一个相对比较具体而有形的写作

过程。而"心"则属于创作过程中创作主题的精神状态、心理状态问题，是一种理性和逻辑思维的过程。由此可见，其实金圣叹在这里所谈到的"心"的至与不至这一层次的问题是，实际上已经稍微涉及到了创作主体的创作心理问题，可谓认识极为深远。而在金圣叹本人具体的文学批点活动中，金圣叹对上述分析的第一层次的意义阐释和运用的相对比较多，这是因为由笔墨所构成的文学之境往往是比较显而易见的，而第二层次的境界则是一般情况下难以与具体文例联系的，但是往往也能够对文学作品境界的提高起到巨大的作用！

综上，金圣叹所提出的"三境说"其实质是在探讨文学作品创作主体的创作心理问题，要求其达到超功利、超理念、绝对自由的文学审美境界。创作主体只有保持这样一种超功利、超理念、绝对自由的创作心理，才会在创作时提升文学作品的审美境界和艺术魅力，也才会创造出更加具有表现力和吸引力的经典文学文本！虽然金圣叹提出的"三境"说带有一定的神秘性色彩，往往令人难以理解，但是这些神秘色彩也是无碍于金圣叹美学思想的基本价值的！

（三）小说艺术结构的完整性和统一性

金圣叹对《水浒传》的艺术结构的分析，虽然有像鲁迅所说的"布局行文，也都被硬拖到八股的做法上"的弊病，但是，也有许多深刻的、有价值的分析值得我们后然研究和分析。金圣叹在前人对小说认识的基础之上，进一步发展了小说创作和批评理论，提出了许多带有创造性的独到的见解。

首先，金圣叹重视艺术结构的整体性，要求做到"有全锦在

手，无全锦在目；无全衣在目，有全衣在心；见其领，知其袖；见其襟，知其帔也。"认为小说创作贵在落笔之前就有一个全局的安排，必须要做到成竹在胸，然后知各部分的联系，如何疏密相间等等。这些正是对中国古代诗画创作中强调要"意在笔先"、"成竹在胸"等思想在小说艺术结构过程方面的具体运用。金圣叹对中国古典美学是十分熟悉的，他认为在构思的过程中要做到"惨淡经营"，必须要把小说的整体艺术结构酝酿的极其充分和成熟，然后才能开始进入具体的写作阶段。能做到这样，才可以说明这个作家才是真正有才华的作家。真正高水平的作家，其才必须围绕其构思、布局、造句之前之后。

其次，在小说艺术结构和人物塑造的关系上，金圣叹认为艺术结构应当为塑造人物形象服务。他说施耐庵写《水浒传》，"只是贪他三十六个人，便有三十六样出身，三十六样面孔，三十六样性格，中间便结撰得来。"（《读法》）无论是场面、情节的安排，还是细节、插笔的描写，都是为了突出人物的性格特征。金圣叹对《水浒传》全书艺术结构的分析，就是和表现人物性格紧紧地联系在一起的。

再次，金圣叹认为艺术结构的安排既要符合现实生活的真实，又要尽量运用多种多样的方法，使之具有极大的生动性和丰富性。《读法》中说道："《水浒传》不说鬼神怪异之事，是他气力过人处。《西游记》每到弄不来时，便是南海观音救了。"这就充分说明了《水浒传》的结构虽然庞大，但是和现实生活逻辑的发展是相一致的，并没有借助"鬼神怪异"之事来弥补其艺术结构上的不足。他又说《水浒传》："笔有左右，墨有正反；用左笔不安换右笔，用右笔不安换左笔；用正墨不现换反墨，用反墨不现换正

墨。"这里的左笔、右笔、正墨、反墨指的是各种不同的艺术表现方法，而这些艺术表现方法是和小说情节、结构的安排有着密切的关系的。与此同时，金圣叹还提出了许多"文法"，诸如倒插法、夹叙法、草蛇灰线法、背面铺粉法、鸾胶续弦法等等。这些"文法"都是小说中很重要的艺术表现技巧，值得我们后世学者和文学写作者、文学理论研究者借鉴。

（四）庶人之议与怨毒著书

金圣叹在《读第五才子书法》中说，大凡读书，须先要晓得作书人的心胸。如《史记》，就是太史公一肚子怨气的发泄。他对《水浒传》的阅读，就是首先揣摩作者施耐庵为文之用心。第一回回首的总评中，金圣叹借史进的名字发了一段极为精彩的议论：

> 王进去后，更有史进。史者，史也。寓言稗史亦史也。夫古者史以记事，今稗史所记何事？殆记一百八人之事也。记一百八人之事，而亦居然谓之史也何居？从来庶人之议皆史也。庶人则何敢议也？庶人不敢议也。庶人不敢议而又议，可也？天下有道，然后庶人不议也。今则庶人议矣。何用知其天下无道？曰：王进去，而高俅来矣。（《第五才子书施耐庵水浒传·第一回回首总评》）

这段话无疑是对施耐庵写作意图的揭示，施耐庵是借"庶人之议"即借老百姓的言论和呼声来向统治者发出呼吁，对社会的黑暗进行针砭和抨击。也说明只要是"天下无道"，自然就会有"庶人之议"，小说艺术就必然会行使其社会批判功能。

　　金圣叹还吸收了李贽"发愤著书"的观点，认为《水浒传》是"怨毒著书"的产物。第六回，在林冲所说的"男子汉空有一身本事，不遇明主，屈沉在小人之下，受这般腌臜的气"一句下，金圣叹批道："发愤著书之故，其号耐庵不虚也。"第十四回，在阮小七所说的"如今那官司一处处动弹，便害百姓；但一声下乡村来，倒先把好百姓家养的猪、羊、鸡、鹅，尽都吃了，又要盘缠打发他"一句之下，金圣叹又批到："千古同悼之言，《水浒》之所以作也。"在第十八回，金圣叹更是明确地说道：

　　　　此回前半幅借阮氏口痛骂官吏，后半幅借林冲口痛骂秀才。其言愤激，殊伤雅道。然怨毒著书，史迁不免，于稗官又奚责焉。（《第五才子书施耐庵水浒传·第十八回回首总评》）

　　金圣叹认为，施耐庵写作《水浒传》的目的不在于维护封建社会的统治，也不在于闲暇之余的消遣，而在于对社会的揭露和批判。所谓"怨毒著书"不过是"发愤著书"的另一种说法而已。在金圣叹看来，小说的主要艺术功能就是对社会邪恶的批判，《水浒传》的作者能够体察到老百姓的疾苦，感受到老百姓的满腔怨气，借作品中的人物之口来"怨毒"——发泄对统治者的不满和怨恨，这是理所当然的，没有任何可以指责的。

（五）因文生事与以文运事

　　金圣叹评点《水浒传》的主要成就是在小说创作的艺术理论上。金圣叹对中国古代的诗文书画艺术均有很深的造诣，他对《水浒》的艺术分析善于把中国古代传统的文艺美学和小说创作的

实际密切地结合起来，继承和发展了明代小说理论批评的成果，把中国古代小说理论批评发展到了最高峰。金圣叹对小说的艺术特征有着较为深刻的认识。小说在其发展的初始阶段，由于人们对小说的审美特性还缺乏明确的认识，常常误将小说与历史混为一谈，写小说的人有时也会有意无意地将小说当作历史来看待。到了金圣叹，对于小说与历史的界限才有了比较明确的观念。他在总结明代关于小说与历史之争的基础之上，在《读第五才子书法》中总结了明代关于小说和历史异同的争论，通过对《史记》和《水浒》的比较，提出了二者在创作上的不同特点。他说：

> 某尝道《水浒》胜似《史记》，人都不肯信，殊不知某却不是乱说。其实《史记》是以文运事，《水浒》是因文生事。以文运事，是先有事生成如此如此，却要算计出一篇文字来，虽是史公高才，也毕竟是吃苦事。因文生事即不然，只是顺着笔性去，削高补低都由我。（《读第五才子书法》）

他认为《史记》是"以文运事"，也就是说历史著作所写的"事"（包括人物和事件）都是先前已经存在的，作者不能任意改变事实，只要用文字记录下来就行了。在历史文本的写作中，"文"是为记"事"而服务的。而《水浒传》的写作则是"因文生事"，是作者为了构想一篇小说而虚拟出若干的人物和事件。这里的"生"就是虚构和创造，小说创作要"顺着笔性"去写，要服从于人物和事件本身的发展规律。小说中所写的"事"不一定是真实的历史事实，而是作家在概括大量生活材料的基础上按照"笔性"想象出来的，这就是具有文学色彩的历史著作和纯粹的小

说艺术作品之间的差异。小说以塑造美的艺术形象为目的，讲究艺术美，不受历史事实的限制。而像《史记》这样具有文学价值的历史著作，毕竟还是历史，文字要服从历史事实的真实，必须要受历史事实的限制，因此两者的根本性质是不同的。金圣叹的这一观点，显然比同时代人的认识要高出一筹。但是他过分地强调了"以文运事"难于"因文生事"也不完全正确，其实"因文生事"也并不完全是主观随意而信笔去写的，它也要符合"情真"、"理真"的原则，而且要有更高的艺术概括性，也并不是很容易的。

金圣叹认为小说的特点是"因文生事"，强调小说中的"事"应该服从于"文"，这实际上就是要求作家应该根据艺术规律对事件进行必要的一定的艺术处理和加工。用金圣叹的话来说，就是要有"纵横曲直，经营惨淡之志"：

> 吾见其有事之钜者，而隐括焉；又见其有事之细者，而张皇焉；或见其有事之缺者，而附会焉；又见其有是之全者，而轶去焉；无非为文计，不为事计也。（《第五才子书施耐庵水浒传·第二十八回回首总评》）

我们知道，小说创作的艺术不等于生活材料的记录，为了"文"的需要，必须对事实进行"削高补低"，即提炼、想象、虚构和剪裁，以服从于艺术形象的创造。但是"为文计，不为事计"，并不等于不要真实性。如《水浒传》第二十二回写武松打虎，武松按住老虎的脑袋，"把只脚望大虫面门上眼睛里只顾乱踢。那大虫咆哮起来，把身底下爬起两堆黄泥，做了一个大坑"。

这绝非客观的记事，施耐庵没有看到过人与老虎相搏的场面，但写来却如在目前，极为真实，这显然是艺术想象的结果。

（六）澄怀格物与因缘生法

金圣叹根据《水浒传》在塑造人物性格方面的巨大成就，不仅总结了《水浒传》人物塑造、性格刻画等方面的艺术经验，而且还提出了作家的主体修养问题。如何使得艺术作品所虚构的艺术世界能够符合现实生活的真实呢？即是说，如何实现艺术真实和生活真实二者的统一呢？金圣叹因而提出了作家的主体修养的问题。金圣叹提出，文章"不生于圣人心中，乃生于万物份中"（《通宗易论·义例》）。小说不是作家主观随意性的产物，而是根据一定的客观事实而创作的结果。艺术的真实性是来源于生活的真实性的，它是在生活真实的基础之上由作家精心选择，取舍，并进行一系列的艺术加工、改造和虚构而成的。所以，作家的文学创作活动，必须首先要从观察生活和研究客观世界的角度出发，这种认识，是符合马克思主义唯物论的反映论的认识原则的。他认为作家应该熟悉生活，对生活有切身的体会，只有经过长期的生活实践和艺术酝酿，才能把人物写的活灵活现。为了进一步帮助作家深入地把握生活，金圣叹提出了"澄怀格物和因缘生法"的艺术创作理论。他在《水浒传序三》中说：

> 天下之文章，无有出《水浒》右者；天下之格物君子，无有出施耐庵先生右者。学者诚能澄怀格物，发皇文章，岂不一代文物之林？然但能善读《水浒》，而已为其人绰绰有余也。《水浒》所叙，叙一百八人，人有其性情，人有其气质，人有

其形状，人有其声口。夫以一手而画数面，则将有兄弟之形；一口吹数声，斯不免再映也。施耐庵以一心所运，而一百八人各自入妙者，无他，十年恪物而一朝物格，斯以一笔而写百千万人，固不以为难也。

金圣叹在这里所谓的"澄怀格物"，就是要求作家在积累生活经验的基础之上，虚心静虑，排除一切杂念的干扰，专心致志地在自己的胸中进行反复的酝酿和推敲，使他所要写的人物形象先在自己的心中活起来，然后才能写出栩栩如生的人物形象。他认为作家必须熟悉现实生活，深入地研究和分析人物的性格特点，才能够塑造出鲜明生动的人物形象。所谓"格物"，这一词本是来源于宋明理学所推崇的"格物致知"这一重要概念的，大思想家朱熹就是讲求"格物致知"的。这种思想理论主张推究事物的原理，获得对事物的根本性的认识。但是理学大多强调要运用内省的功夫去"格物致知"，脱离对实际生活的观察、体验和研究。金圣叹将此借用过来，强调作家必须在了解生活的基础之上，深入地揣摩和研究人物的性格和心理，从而为成功地刻画人物性格奠定坚实的基础。

金圣叹还认为，"格物"必须要讲究一定的方法，那就是要懂得"大千一切，皆因缘生法"。"因缘生法"一词本是佛家用语，"因"即指根源，"缘"即指条件，"法"指大千世界的各种现象，"因缘生法"的意思就是说，世界上的各种现象都是因了一定的原因和条件而产生的。金圣叹之所以强调"因缘生法"，就是要求作家在推己及人的构思时，应当研究和分析人物的言论、行动、性格所赖以产生的原因和条件，从而才能准确地把我其特

点，并塑造出合乎情理的人物形象。用在小说创作上，就是要求小说家应该在研究生活中各种现象的"因"和"缘"，应该"尽人之性"，分析人物的言行和性格所形成的条件，准确地把握各类人物的性格特点。在第五十五回回首的总评中，金圣叹指出，作家对所写的人物不可能都有亲身的体会，他不可能既是豪杰，又是奸雄，又是偷儿，又是淫妇。但是作家如果能够从"因缘生法"的角度去了解这些人物，就有可能准确地刻画出各种不同的人物性格，使他们在读者的心里永远存活下来！

（七）金圣叹的文学鉴赏论

文学鉴赏是文学审美活动过程之中的再创造的部分，每一个真正的文学鉴赏者都不是被动地接受文学作品所传达的思想观念和内容，而是根据文学作品所提供的艺术世界，经由自我的想象和联想以及更多的思维活动，从而来表达自己的情感和经验，并提高自我的认识。通过文学鉴赏这一美的欣赏过程，来寄托和表达自我情感。当我们在阅读金圣叹的文学作品之时，我们很容易发现金圣叹的很多文学思想产生或者说思维逻辑的起点都是从文学鉴赏和读者接受视野的角度展开自我文学批评活动的。就其开拓性和独创性而言，金圣叹的文学鉴赏论似乎有着更为突出和重要的意义，对我们更加具有启发性。我国古代的文学批评理论，从总体上而言，大多是属于一种以欣赏为目的的艺术批评和认识方式，因此这种文学批评活动就自然而然地带上了浓厚的鉴赏色彩。而真正以文学鉴赏为重心且有自我批评系统的古代文学批评家，金圣叹可以算得上称职、合格的一位。因此，从文学批评史的角度来探讨金圣叹的文学鉴赏论，有着巨大的文学价值和历史

意义。

从文学鉴赏活动中的情感活动和读者的阅读期待角度而言，文学阅读作为一个完整的艺术欣赏活动，它从本质上而言是一种认识活动，但是它又不是一般性的认识活动，因为它首先是一种情感活动。金圣叹在评点《西厢记》的时候就曾经说过这样一段话：文章之妙在于曲折，而读者则是"纵心寻其起尽以自容与其间"，将其看作是一个"纵心"的过程，即是要求在文学欣赏的过程之中，读者需要将自己的全部心声和情感与作品相融合，从而达到与作品之中的人物同呼吸、共命运的境界。因而鉴赏活动其实就是一种表现为读者和作品二者之间在情感上相互交融和渗透的审美活动。对于这种情感活动所呈现出来的特征，金圣叹可以说是有着自我相当独特的认识的：

> 看他写得一起一落，又一起一落，再一起再一落，遂令宋江自在厨中，读者本在书外，却不知何故，一时便若打拼一片，心魂共受若干惊吓着。（《贯华堂第五才子书水浒传》第四十一回回评）

由此可见，金圣叹在评点文学作品之时，往往是从读者对作品的感应角度出发，或者是从作品对读者所产生的作用角度出发，即从读者和作品二者之间的关系角度展开对文学作品的评点活动的。而作品与读者之间的关系主要就表现在文学作品对于读者心理情感和情绪的调动之上。在金圣叹看来，一部优秀的文学作品应当能够使得读者在阅读和欣赏的过程中产生相应的情感反应，乃至情感共鸣，从而令读者带着自我的情感真正走进文学作品所

呈现出来的艺术世界之中，达到一种美的陶冶和享受！所以，从作品对读者的情感调动上，以及读者的阅读感受角度来判断一部文学作品的好坏，对其进行价值判断，是金圣叹文学评点的出发点和价值标准。在文学作品的阅读欣赏过程之中，文学作品能否使读者产生积极的阅读兴趣和阅读期待是衡量其文学美感魅力强烈与否的重要标准之一。文学史上那些优秀的文学作品，总是会把不断激起读者的阅读兴趣、召唤读者的阅读期待作为审美效果去努力追求。金圣叹所评点《水浒传》的经验在这方面就为我们提供了丰富的有待挖掘的资源。所谓"偏是急杀人事，偏要故意细细写出"。例如第三十九回写到"梁山泊好汉劫法场"之时，就写宋江、戴宗被判杀头那日，读者们眼看刽子手即将手起刀落，此种特急之事，作者偏偏要以缓慢之笔写出，细细道来，从容地写到午时三刻，而且还有心思将东南西北四处争相涌入法场的的人群一一作一详尽的介绍。作者之所以这样有意为之，就是为了造成巨大的戏剧性和艺术性效果，充分地抓住了读者的阅读心理和阅读期待视野，可以说读者们"挨一刻，吓一刻"的心理情感体验正是一种特殊的审美快感的心理感受和体验。这就是优秀文学作品为我们所营造的文学艺术氛围。金圣叹也特别注重文学作品对于读者阅读时心理期待的调动，即读者阅读时心理或是紧张或是松弛之间节奏的调动与安排。这样的例子在金圣叹评点《水浒传》之中，俯拾皆是，不胜枚举。

然而，金圣叹对于文学鉴赏活动中的读者又有着那些具体的要求呢？当然，首先作为一名合格的文学阅读者，应当具备一定的文学欣赏能力。关于这个问题，金圣叹在《水浒传》第二十一回的回评时曾经如是说道："昔者伯牙有流水高山之曲，子期既

死，终不复弹。……便知雅曲者乎？"也就是说，艺术作品欣赏过程当中也有一个特别重要的原则，即读者必须具有一定的艺术鉴赏力，这样才能够使得文学作品和读者之间真正产生"双向"的互动关系，不仅能使得文学作品所包含的多层文本意义得到有效的阐释和揭示，而且也才会充分发挥读者在文学欣赏活动中所具有的"再创造"作用和价值，从而为我们更加完美地呈现一个丰富的艺术世界和情感世界！

第五章　金圣叹的文学史地位

文学评点是中国文艺理论家所创造出的一种独特的文艺批评形式、美学著作的特殊体裁，是中国文艺理论家、美学家对世界美学史所做出的巨大贡献之一。而文学评点一般认为是由南宋时期的刘辰翁首创，到晚明开始风行。但近年已有学者提出最新的意见：中国小说评点起源于何时？有人认为滥觞于北宋刘斧的《青琐高议》，有人认为起源于南宋刘辰翁的《世说新语》眉批。近有学者指出应是梁代萧绮的《拾遗记录》。（凌宏发胡乐飞《中国小说评点之起源》，光明日报041211）我国明清时期伴随着小说创作的空前发展和繁荣，与之相适应的小说评点也进入了一个空前发展的新阶段。从形式上来看，这一时期的小说理论和批评既体现在一些作品的序跋和笔记等杂著里，同时也体现在小说评点之中。但是相对比较起来，最能代表明清小说批评成就和水平的，还是小说评点这样一种文学批评形式。像李贽、金圣叹、毛宗岗、张竹坡等等一大批文学批评家正是通过小说评点这样一种方式来表达他们的思想见解、文学观念和美学思想的。从而也使得此时期的小说理论批评达到了一个前所未有的高度，也极大地丰富了中国古代小说批评理论。

　　而我们要想正确地清楚地认识金圣叹在中国文学史上的地位，无疑我们需要重点来研究金圣叹的文学成就。然而对于金圣叹而言，其文学成就则主要体现在他的小说戏曲的评点理论当中，那么我也就很有必要探讨一番金圣叹的文学评点问题。也只有这样，我们才能更好、更准确地估量金圣叹在中国文学史上的地位。众所周知，中国文学批评史有着极其悠久的历史，可谓源远流长。早在两千多年前，就已经产生了《毛诗序》和《楚辞章句总序》等这样对文学作品进行评论和探讨的文字。伴随着历史的发展和进步，到了后代，我国文学批评史上更是出现了曹丕《典论·论文》、刘勰《文心雕龙》、陆机的《文赋》等等一系列重要的文论，自此文学评论性的文章和专著层出不绝，每一位文学评论家更是给我们留下了不同的异彩纷呈的思想材料和极其深刻的文学思想，而文学批评理论是中国古代文学理论和文学史的一个重要的组成部分。像金圣叹这样的文学批评理论大家，更是为我国文学理论的发展留下了丰富的文学思想资源，但是由于历史上所出现的种种缘由，导致金圣叹的文学批评资源并没有得到相应的挖掘和开发，一直被埋没至今，这也就难免会影响到金圣叹在中国文学史上的地位。因而，我们有责任更有理由对金圣叹的文学批评理论做一系统的历史流变性的考察，以便合理正确地定位其在中国文学史上的地位！

　　金圣叹在明清的文学评点特别是小说和戏曲的评点活动之中，从总体上而言，应当是起到了一种承上启下的作用。长篇白话小说和戏曲的评点，经由明代的李贽、钟惺、叶昼、陈继儒、冯梦龙、王思任等人的开端和发展，到了金圣叹之时，便已集大成，形成了小说、戏曲评点完备的格式，并且通过评点系统地阐述了

理论，由此大开清代评点的风气。因而，金圣叹在中国文学批评史上的地位和作用是不容忽视的。他继承和完善了文学史上前人的文学评点传统，尤其是在文学评点的形式方面，独出心裁，突破了原来只有夹批、眉批和回评的传统模式，而大胆地增加了"读法"、"序言"等新科项目，从而在整体上来引导读者的文学欣赏活动，并且他充分地利用了各种各样的文学评点方式，遵循文学创作、欣赏的一般规律，结合自我的社会实际和思想心理、情感等，开创了我国古代文学评点活动一片新的天地！尤其是金圣叹一人完成《水浒传》和《西厢记》两书的评批，其中又兼及诗歌、古文（历史散文、记叙文、论说文、抒情文）、时文，涵盖了整个文学领域的四大体裁；他的批评极为深刻、生动、细腻，而且思想独到，文字精美且变化多端、引人入胜；同时又建立起了文学评点的完整的写作体裁和评论体系。可以说金圣叹的文学评点理论全面、完整地分析、揭示和总结了我国古代尤其是明清时期经典的诗文、戏曲、小说的写作方法和创作理路，极大地提高了文学评点的水平和质量，对诗人作家的创作和读者的文学艺术鉴赏，具有极大的指导作用。在征服了明末和整个清代的读者群的同时，金批在清代拥有众多的继承者，从而使清代的文学评点的水平大大超过明代。但金圣叹的文学评点则居于无可争议的最高峰，至今依旧具有巨大的指导意义。

（一）金圣叹对文学评点传统的继承和突破

文学批评从根本上而言是一种依附于文学作品而产生的评论性的文学样式，它的存在会引导读者更好地理解文学作品所隐含的多层文本意义，当然也会推动我国文学批评理论的发展和进步，

进一步完善文学批评理论体系和建构机制。而金圣叹在其文学评点的实践活动之中，合理地继承了我国自《毛诗序》以来合理、正确的文学批评方式、思想等，而且在评点的体式、理论等方面对传统的文学评点有所创新和突破，最主要的是他在文学的批评方法上敢于大胆创新，通过详细切分文学文本和具体细致地分析文学文本的各种要素等具体活动，从而做到了对文学作品艺术世界和意蕴的真正揭示，为后世的文学批评提供了一种批评的范式。金圣叹继承了唐宋以来的文学评点传统而又突破了其以往的只言片语、零零散散的评点模式，使得文学评点的文字在规模上与作品的内容相比较不再显得过于单薄和无力，将二者巧妙地融为一体，共同来影响读者的阅读活动，起到阅读引导和价值导向的作用。尤其是他在评点《水浒》《西厢》的时候，有意增添了"读法""序言"等内容，又将每一回或者每一出的总评放在前面，而且会将各个章节细分开来，逐一进行评点，时而也会插入有趣的议论，乃至他所评点过的《水浒传》和《西厢记》等书的文字密密麻麻，评点文字竟然会超过原作，足见其用心良苦和文学才华，当然，这样的文学评点活动，也往往会让后世学者望之兴叹。

金圣叹对于文学作品的评点，特别是对于诗歌的评点，从其评点的宗旨和方法上来看，主要还是遵循了前人所留下的传统的文学批评模式。诗歌前往往会有作者的生平介绍，后面则有诗歌内容的讲解；而散文前则一般都会有题解，题解大部分都是解释了该篇文章的结构和表现手法等特点。而在金圣叹的文学评点之中，我们往往可以感受到评点文字的字里行间渗透着金圣叹自我的主体意识和思想情感，这种突出的个性特点也就使得金圣叹所评点的文学作品带上了金圣叹自我思想的烙印。另一方面，金圣

叹在自己的文学评点活动中，给我们后人留下更为深刻的印象便是他所开创的分解评点，在他的诗歌评点和小说戏曲评点中都有大量的运用。如在《水浒传》的评点时，就从这样几个方面体现了出来：他一般都会根据自己的批评意图来解析文学文本，对文本解析之后的每个文学要素或者文学单位都要进行一番解读，充分阐释其中所蕴含的深刻含义，尤其是当文学作品之中出现了某种意象的时候，他更是津津有味地评述开来，运用数字统计等方式，表明这些意象在文本当中一共出现了多少次，进而阐述其艺术作用和美学价值。如《水浒传》第二十三回对"笑"的统计等，就是这种评点方法的具体表现。这种全新的文学评点方式更为有效地释放了文学文本的涵义，也更加博得读者的深深喜爱！

金圣叹对《水浒传》的评点开创了小说评点的新局面，除了上述许多重要的成就之外，从评点的方法上来说，也有很大的贡献。他对《水浒传》的批评，不仅书前有序及读法，而且在每一回前对这回的内容和艺术特色作了比较全面的分析，改变了容与堂本等仅在回后发几句议论的方法。他把传统的行间夹批改为文字中间的夹批，这样就改革了行间夹批只能写几个字的局限。他的这种文中小字夹批可以自由发挥，要短就短，要长就长，甚至可以发上一段议论。后来的一些重要的小说评点，如毛宗岗评《三国演义》、张竹坡评《金瓶梅》等，就都是运用了金圣叹的这种方式的，而且他们在艺术理论方面，大都也是承袭了金圣叹的诸多观点，不过在某些方面又有了新的发展和进步。可以说，金圣叹的小说评点理论已经构成了一个相当完整的体系，以致清代的很多小说理论家大多数都是步其后尘，而只能在局部的问题上有所进一步的发展和创新，而在总体水平上是很难超越金圣叹的。

一直到了晚晴，也就是进入近代社会以后，才有了一些新的突破。金圣叹在中国文学批评史上理应占据一席重要的地位，这是我们无可否认的！

（二）金圣叹对后世文学批评理论的影响

金圣叹的文学评点，特别是小说和戏曲的评点理论，对之后的有清一代的文学创作和批评理论产生了极其深远的影响。正如他所说的："后之人必好读书。读书者必仗光明。光明者，照耀其书所以得读者也。我请得为光明以照耀其书而以为赠之"（《贯华堂第六才子书西厢记·序二曰留赠后人》，《金圣叹全集》第三卷，第8页）后来的毛宗岗父子二人所批点的《三国演义》，就是师法于金圣叹的。同时著名的文学批评家诸如张竹坡、脂砚斋等人对金圣叹文学评点理论的继承和发展也是显而易见的。可以说在中国文学美学的发展史上，金圣叹无疑是一位承先启后的重要人物，也正是由于他自身的努力和推动，中国古代文学批评理论和美学才能得以不断地走向一个又一个新的理论高峰。

金圣叹的评点理论是一个比较完整的理论体系，当然这个完整的理论体系也是建立在中国古代传统文化的基础之上的，因而也具有浓厚的民族性色彩。在金圣叹之前，中国文学批评史上几乎还没有人提出过这样一个完整的理论体系。因而廖燕称他的理论体系为"领异标新，迥出意表；觉作者千百年来，至此始开生面"（《金圣叹先生传》），显然，金圣叹的文学批评理论是具有划时代之意义的。与金圣叹同一时代的戏剧家李渔，在读了他的评点之后，说他的研究"能令千古才人心死"（李渔《闲情偶寄·词曲部·格局第六·填词余论》，作家出版社1995年7月第一版，第

73 页），更有学者盛赞金圣叹文学评点水平之高，就连之前的钟惺、李贽等人都无法相比，望尘莫及。而且金圣叹的文学评点的确是具有很大文学魅力的，吸引了广大的读者，使得他的"批七才子书，一时纸贵"，"顾一时学者，爱读圣叹书，几于家置一编。"所以，我们从这些言论当中可以清楚地看到，金圣叹文学评点理论对后人产生了广泛而又深刻的影响，并且一直被后人效法。由金圣叹所带出的这一个队伍庞大的文学评点派，从明末清初一直延续到晚晴时期。

无疑，金圣叹的文学评点活动和批评理论对清代文学有着最为直接的影响，可以说他在某种意义上决定了清代小说批评的基本面貌。廖燕在其《金圣叹先生传》中说道："先生殁，效先生所评书，如长洲毛序始、徐而庵。武进吴见思、许庶庵为最著，至今学者称焉。"陈登原先生也说："无论其评之当否，其开重视小说之风气，批评文艺之新路，要可谓有功艺苑。故今存毛批《三国演义》，至伪为圣叹序以自重。"（陈登原《金圣叹传》商务出版社 1934 年版，第 60 页）。当代著名美学大家叶朗先生也说过："从小说美学的理论来看，毛宗岗的新的创造并不多。他的主要贡献，是把金圣叹小说美学史中关于叙事方法（包括人物塑造的方法）的理论加以发挥，使之条理化，从而扩大了它们的社会影响。所以，在一定意义上可以说，毛宗岗是金圣叹小说美学的发挥着、推广者和宣传者。"（叶朗《中国小说美学》，北京大学出版社 1982 年版，第 120 页）金圣叹的贡献首先是扩充了小说评点的篇幅、改变了评点体制这一重大创举，而后被同时代的小说批评家所传承。无论是毛宗岗所批点的《三国演义》还是张竹坡的《金瓶梅》等评点，其回批多在数百字或者千余字之上。可

见，文学评点特别是小说评点的体制自金圣叹始已经开始慢慢变得细密，评点的篇幅也随之扩大而由简趋繁，可以说，金圣叹在这一小说评点体制转变的过程中起到了巨大的推动作用，如果没有金圣叹对传统文学评点体式的突破和创新，中国的古代文学尤其是小说评点体制的发展史不可想象的。

然而，我国当下的文学批评理论或者说文学理论正在面临着一个特别严重和尴尬的问题，即中国的文学理论，尤其是文学批评理论在当下的世界范围内的文学理论界是失去其"话语权"的。当下，有很多世界范围内的专家和学者一致认为，中国的文学理论和文学批评理论从来都没有一个完整的体系可言，也从来都没有无论是概念还是范畴方面可以在世界文学理论界引领时代和文学潮流的存在和发展方向，所以中国文学理论便很快失去了其在世界文学理论界与其他国家平等对话的资格和权利。当我们面对着这样的尴尬、话语权的流失和国内很多批评家、理论家批评人格的缺失、批评标准唯"自身利益"而制约和左右的时候，我们更应该回过头来思考问题所产生的根源，尤其是要在借鉴西方新颖文学理论概念的同时，不能全盘西化，生搬硬套，从而将我国的文学理论弄得面目全非，呈现出一幅"不雷不类"的面目，因为中西方文学理论所产生的文化土壤是完全不相同的，这样的生搬硬套式的移植，其结果将会损害到我国文学理论自身的健康发展和进步！那么我们到底该如何解决这个文学理论发展过程中所面临的严重的问题呢？

首先，就应该在中西方文学理论对话的坐标系上，传承我国传统的优秀的文学理论文化资源。在我国近代文学理论发展的过程之中，可以说以五四前后为界限，中国古今的文学批评形态和

批评思想就很显然呈现出一个巨大的断层。尤其是当现当代文学理论批评在大量引进了西方文学理论之后，一些学者更是"崇洋媚外"，喜好引用西方那些具有模糊性和新颖性的文学理论概念和范畴，从而来显示其理论水平之高深，而完全忘记自己的文学理论所产生和发展的"土壤"和"根基"！尽管这些西方的文学批评理论和批评方法在很大程度上拓宽了我们的批评视野，但是不能简简单单地就将这些原本产生于西方文化的科学主义土壤之中的东西不加选择地移植到中国的文学土壤之中，这样西方文学理论在传播的过程之中就失去了其原有的审美属性和理论价值。

其次，更应该建立和加强我国文学理论界自身和世界范围内各国文学理论界的对话和交流。只有这样，才会使得各种文学理论在其对话和交流的过程中，切实做到取长补短，交叉融合，既可以在追求自我完美发展的过程中发现我们自身所存在的理论缺陷和不足，又可以发展和产生一种新的文学理论概念和批评形态。以此来充实我国文学理论的存在形态，使其呈现出一种具有时代性和普适性的多元化理论发展态势。

再次，我国的文学批评家和文学理论家，包括广大的文学爱好者，更应该从自身做起，在吸取西方文学理论资源的基础之上，更要潜心研究和发掘我国传统优秀的文化资源，建立其属于我们自己的理论体系和审美传统，使自己真正成为一名合格的乃至优秀的文学理论家和文学爱好者，为我国文学理论的发展做出贡献。而不应该像某些文学理论家或者批评家那样，在某些现实利益和金钱的诱惑之下，放弃自身文学评价的标准和尺度，完全丧失自我的人格和放弃自我的文学审美地位。我们要做到，使得自身的人生价值的选择和精神追求与自身的文学审美价值和追求保持一

致性和统一性，在二者互动的过程中，既提升和实现自我的人生价值，又能够为我国文学理论的发展起到巨大的推动作用！

因而，笔者认为，对于当下从事文学工作的理论家和爱好者的我们而言，就很有必要将我国文学理论发展和进步的视角进行一番主客观的调整，在科学、合理、适度借鉴西方优秀文学理论概念和范畴的同时，更应该回归我国文学理论自身的发展之中，必须从我国传统的优秀的文学理论资源中找到解决目前所出现的这种尴尬局面的方法，与此同时，更要在我国传统的优秀的文学理论资源中找到发展的方向和自信，从而建立起与世界其他国家文学理论界平等对话和交流的地位，不再失去其原本就应该存在和拥有的"话语权利"。那么，像金圣叹这样优秀的文学思想家和文学理论批评家，尤其是其优秀的文学理论资源，更应该得到我们更多的关注和研究，要努力做到充分挖掘其文学理论思想当中的优秀资源，并且进行开发和利用。这样，不仅可以正确认识金圣叹本人在我国文学发展史上的巨大价值和重要地位，而且更会使得我国文学理论的发展走在一条既置身于自身优秀传统文化土壤之中而又带有世界性和时代性的正确的合理的发展道路之上！

其实，当我们畅游在文学发展的历史长河之中时，我们就会发现，文学的产生、存在和发展，其最为核心和最为根本的目的就是要促进我们人类自身的发展。在文学不断叙述和揭示我们人类最为真实的生存境遇和生存状态之时，我们人类才会更加清楚地看到自身存在现实和发展的方向，从而做到趋利避害，向着更加有利于人类自身健康、幸福的方向前进。那么，任何一个民族，任何一种文学形态的发展，无论是文学文本所呈现出的对于人类生命的拥抱、开拓，还是对人类自身生命的超越，都要求我们首

先必须在思想上和心理上建立一个正确的"以人为本"的价值导向。在我国当下文学理论发展所面临的尴尬困境的局面之下，我们一定要摒弃自身原本就存在的浮躁的心理，努力将作为我国古代文学理论批评形态和方式之一的小说评点的美学思想和理论资源进一步挖掘和开发，使其真正得到完美的价值阐释和弘扬，为我国当下乃至以后文学理论、文学批评理论的发展和进步贡献一份微薄的力量！

附录一：《金圣叹先生传》

（清·廖燕）

先生金姓，采名，若采字，吴县诸生也。为人倜傥高奇，俯视一切。好饮酒，善衡文评书，议论皆发前人所未发。时有以讲学闻者，先生辄起而排之，于所居贯华堂设高座，召徒讲经，经名《圣自觉三昧》，稿本自携自阅，秘不示人。每升座开讲，声音洪亮，顾盼伟然。凡一切经史子集、笺疏训诂，与夫释道内外诸典，以及稗官野史、九彝八蛮之所记载，无不供其齿颊，纵横颠倒，一以贯之，毫无剩义。座下缁白四众，顶礼膜拜，叹未曾有，先生则抚掌自豪，虽向时讲学者闻之，攒眉浩叹，不顾也。生平与王斫山交最善。斫山固侠者流，一日以千金与先生，曰："君以此权子母，母后仍归我，子则为君助灯火，可乎？"先生应诺，甫越月，已挥霍殆尽，乃语斫山曰："此物在君家，适增守财奴名，吾已为君遣之矣。"斫山一笑置之。鼎革后，绝意仕进，更名人瑞，字圣叹，除朋从谈笑外，惟兀坐贯华堂中，读书著述为务。或问"圣叹"二字何义？先生曰："《论语》有两'喟然叹曰'，在颜渊为叹圣，在与点为圣叹。予其为点之流亚欤！"所评《离

骚》《南华》《史记》杜诗、《西厢》《水浒》，以次序定为"六才子书"，俱别出手眼。尤喜讲《易》，"乾"、"坤"两卦，多至十万馀言。其馀评论尚多，兹行世者，独《西厢》《水浒》《唐诗》、制艺、《唱经堂杂评》诸刻本。传先生解杜诗时，自言有人从梦中语云："诸诗皆可说，惟不可说《古诗十九首》。"先生遂以为戒。后因醉纵谈《青青河畔草》一章，未几，遂罹惨祸。临刑叹曰："砍头最是苦事，不意于无意中得之。"先生殁，效先生所评书，如长洲毛序始、徐而庵，武进吴见思、许庶庵为最著，至今学者称焉。曲江廖燕曰：予读先生所评诸书，领异标新，迥出意表，觉作者千百年来，至此始开生面。呜呼！何其贤哉！虽罹惨祸，而非其罪，君子伤之。而说者谓文章妙秘，即天地妙秘，一旦发泄无馀，不无犯鬼神所忌，则先生之祸，其亦有以致之欤！然画龙点睛，金针随度，使天下后学，悉悟作文用笔墨法者，先生力也，又乌可少乎哉！其祸虽冤屈一时，而功实开拓万世，顾不伟耶！予过吴门，访先生故居，而莫知其处，因为诗吊之，并传其略如此云。

附录二：《读第五才子书法》

（清·金圣叹）

大凡读书，先要晓得作书之人是何心胸。如《史记》须是太史公一肚皮宿怨发挥出来，所以他于《海侠》《货殖传》特地着精神。乃至其余诸记传中，凡遇挥金杀人之事，他便啧啧赏叹不置。一部《史记》，只是"缓急人所时有"六个字，是他一生著书旨意。《水浒传》却不然。施耐庵本无一肚皮宿怨要发挥出来，只是饱暖无事，又值心闲，不免伸纸弄笔，寻个题目，写出自家许多锦心绣口，故其是非皆不谬于圣人。后来人不知，却是《水浒》上加"忠义"字，遂并比于史分发愤著书一例，正是使不得。

《水浒传》有大段正经处，只是把宋江深恶痛绝，使人见之，真有犬彘不食之恨。从来人却是不晓得。

《水浒传》独恶宋江，亦是歼厥渠魁之意，其余便饶恕了。

或问：施耐庵寻题目写出自家锦心绣口，题目尽有，何苦定要写此一事？

答曰：只是贪他三十六个人，便有三十六样出身，三十六样面孔，三十六样性格，中间便结撰得来。

题目是作书第一件事。只要题目好，便书也作得好。

或问：题目如《西游》《三国》，如何？答曰：这个都不好。《三国》人物事本说话太多了，笔下拖不动，趄不转，分明如官府传话奴才，只是把小人声口替得这句出来，其实何曾自敢添减一字。《西游》又太无脚地了，只是逐段捏捏撮撮，譬如大年夜放烟火，一阵一阵过，中间全没贯串，便使人读之，处处可住。

《水浒传》方法，都从《史记》出来，却有许多胜似《史记》处。若《史记》妙处，《水浒》已是件件有。

凡人读一部书，须要把眼光放得长。如《水浒传》七十回，只用一目俱下，便知其二千余纸，只是一篇文字。中间许多事体，便是文字起承转合之法，若是拖长看去，却都不见。

《水浒传》不是轻易下笔，只看宋江出名，直在第十七回，便知他胸中已算过百十来遍。若使轻易下笔，必要第一回就写宋江，文字便一直帐，无擒放。

某尝道《水浒》胜似《史记》，人都不肯信，殊不知某却不是乱说。其实《史记》是以文运事，《水浒》是因文生事。以文运事，是先有事生成如此如此，却要算计出一篇文字来，虽是史公高才，也毕竟是吃苦事。因文生事即不然，只是顺着笔性去，削高补低都由我。

作《水浒传》者，真是识力过人。某看他一部书，要写一百单八个强盗，却为头推出一个孝子来做门面，一也；三十六员无罡，七十二座地煞，却倒是三座地煞先做强盗，显见逆天而行，二也；盗魁是宋江了，却偏不许他便出头，另又幻一晁盖盖住在上，三也；天罡地煞，都置第二，不使出现，四也；临了收到"天下太平"四字作结，五也。

　　三个"石碣"字，是一部《水浒传》大段落。

　　《水浒传》不说鬼神怪异之事，是他气力过人处。《西游记》每到弄不来时，便是南海观音救了。

　　《水浒传》并无"之乎者也"等字，一样人，便还他一样说话，真是绝奇本事。

　　《水浒传》一个人出来，分明便是一篇列传。至于中间事迹，又逐段逐段自成文字，亦有两三卷成一篇者，亦有五六句成一篇者。

　　别一部书，看过一遍即休。独有《水浒传》，只是看不厌，无非为他把一百八个人性格，都写出来。

　　《水浒传》写一百八个人性格，真是一百八样。若别一部书，任他写一千个人，也只是一样；便只写得两个人，也只是一样。

　　《水浒传》章有章法，句有句法，字有字法。人家子弟稍识字，便当教令反复细看，看得《水浒传》出时，他书便如破竹。

　　江州城劫法场一篇，奇绝了；后面却又有大名府劫法场一篇；一发奇绝。

　　潘金莲偷汉一篇，奇绝了；后面却又有潘巧云偷汉一篇，一发奇绝。景阳冈打虎一篇，奇绝了；后面却又有沂水县杀虎一篇，一发奇绝。真正其才如海。

　　劫法场，偷汉，打虎，都是极难题目，直是没有下笔处，他偏不怕，定要写出两篇。

　　《宣和遗事》具载三十六人姓名，可见三十六人是实有。只是七十回中许多事迹，须知都是作书人凭空造谎出来。如今却因读此七十回，反把三十六个人物都认得了，任凭提起一个，都似旧时熟识，文字有气力如此。

一百八人中，定考武松上上。时迁、宋江是一流人，定考下下。

鲁达自然是上上人物，写得心地厚实，体格阔大。论粗卤处，他也有些粗卤；论精细处，他亦甚是精细。然不知何故，看来便有不及武松处。想鲁达已是人中绝顶，若武松直是天神，有大段及不得处。

《水浒传》只是写人粗卤处，便有许多写法。如鲁达粗卤是性急，史进粗卤是少年任气，李逵粗卤是蛮，武松粗卤是豪杰不受羁靮，阮小七粗卤是悲愤无说处，焦挺粗卤是气质不好。

李逵是上上人物，写得真是一片天真烂漫到底。看他意思，便是山泊中一百七人，无一个入得他眼。《孟子》"富贵不能淫，贫贱不能移，威武不能屈"，正是他好批语。

看来作文，全要胸中先有缘故。若有缘故时，便随手所触，都成妙笔；若无缘故时，直是无动手处，便作得来，也是嚼蜡。

只如写李逵，岂不段段都是妙绝文字，却不知正为段段都在宋江事后，故便妙不可言。盖作者只是痛恨宋江奸诈，故处处紧接出一段李逵朴诚来，做个形击。

其意思自在显宋江之恶，却不料反成李逵之妙也。此譬如刺枪，本要杀人，反使出一身家数。

近世不知何人，不晓此意，却节出李逵事来，另作一册，题曰"寿张文集"，可谓咬人屎撅，不是好狗。

写李逵色色绝倒，真是化工肖物之笔。他都不必具论；只如逵还有兄李达，便定然排行第二也，他却偏要一生自叫李大，直等急切中移名换姓时，反称作李二，谓之乖觉。试想他肚里，是何等没分晓。

任是真正大豪杰好汉子，也还有时将银子买得他心肯。独有李逵，便银子也买他不得，须要等他自肯，真又是一样人。

林冲自然是上上人物，写得只是太狠。看他算得到，熬得住，把得牢，做得彻，都使人怕。这般人在世上，定做得事业来，然琢削元气也不少。

吴用定然是上上人物，他奸猾便与宋江一般，只是比宋江，却心地端正。

宋江是纯用术数去笼络人，吴用便明明白白驱策群力，有军师之体。

吴用与宋江差处，只是吴用却肯明白说自家是智多星，宋江定要说自家志诚质朴。

宋江只道自家笼罩吴用，吴用却又实实笼罩宋江。两个人心里各各自知，外面又各各只做不知，写得真是好看煞人。

花荣自然是上上人物，写得怎地文秀。

阮小七是上上人物，写得另是一样气色。一百八人中，真要算做第一个快人，心快口快，使人对之，龌龊都销尽。

杨志、关胜是上上人物。杨志写来是旧家子弟，关胜写来全是云长变相。

秦明、索超是上中人物。

史进只算上中人物，为他后半写得不好。

呼延灼却是出力写得来的，然只是上中人物。

卢俊义、柴进只是上中人物。卢俊义传，也算极力将英雄员外写出来了，然终不免带些呆气。譬如画骆驼，虽是庞然大物，却到底看来觉道不俊。柴进无他长，只有好客一节。

朱仝与雷横，是朱仝写得好。然两人都是上中人物。

杨雄与石秀，是石秀写得好。然石秀便是中上人物，杨雄竟是中下人物。

公孙胜便是中上人物，备员而已。

李应只是中上人物，然也是体面上定得来，写处全不见得。

阮小二、阮小五、张横、张顺，都是中上人物。燕青是中上人物，刘唐是中上人物，徐宁、董平是中上人物。

戴宗是中下人物，除却神行，一件不足取。

吾最恨人家子弟，凡遇读书，都不理会文字，只记得若干事迹，便算读过一部书了。虽《国策》《史记》都作事迹搬过去，何况《水浒传》。

《水浒传》有许多文法，非他书所曾有，略点几则于后：有倒插法。谓将后边要紧字，蓦地先插放前边。如五台山下铁匠间壁父子客店，又大相国寺岳庙间壁菜园，又武大娘子要同王干娘去看虎，又李逵去买枣糕，收得汤隆等是也。

有夹叙法：谓急切里两个人一齐说话，须不是一个说完了，又一个说，必要一笔夹写出来。如瓦官寺崔道成说"师兄息怒，听小僧说"，鲁智深说"你说你说"等是也。

有草蛇灰线法：如景阳冈勤叙许多"哨棒"字，紫石街连写若干"帘子"。

字等是也。骤看之，有如无物，及至细寻，其中便有一条线索，拽之通体俱动。

有大落墨法：如吴用说三阮，杨志北京斗武，王婆说风情，武松打虎，还道村捉宋江，二打祝家庄等是也。

有绵针泥刺法：如花荣要宋江开枷，宋江不肯；又晁盖番番要下山，宋江番番劝住，至最后一次便不劝是也。笔墨外，便有

利刃直戳进来。

有背面铺粉法：如要衬宋江奸诈，不觉写作李逵真率；要衬石秀尖利，不觉写作杨雄糊涂是也。

有弄引法：谓有一段大文字，不好突然便起，且先作一段小文字在前引之。如索超前，先写周谨；十分光前，先说五事等是也。《庄子》云："始终青萍之末，盛于土囊之口"。《礼》云："鲁人有事于泰山，必先有事于配林。"

有獭尾法：谓一段大文字后，不好寂然便住，更作余波演漾之。如梁中书东郭演武归去后，如县时文彬升堂；武松打虎下冈来，遇着两个猎户；血溅鸳鸯楼后，写城壕边月色等是也。

有正犯法：如武松打虎后，又写李逵杀虎，又写二解争虎；潘金莲偷汉后，又写潘巧云偷汉；江州城劫法场后，又写大名府劫法场；何涛捕盗后，又写黄安捕盗；林冲起解后，又写卢俊义起解；朱仝、雷横放晁盖后，又写朱仝、雷横放宋江等。正是要故意把题目犯了，却有本事出落得无一点一尽相借，以为快乐是也。真是浑身都是方法。

有略犯法：如林冲买刀与杨志卖刀，唐牛儿与郓哥，郑屠肉铺与蒋门神快活林，瓦官寺试禅杖与蜈蚣岭试戒刀等是也。

有极不省法：如要写宋江犯罪，却先写招文袋金子，却又先写阎婆惜和张三有事，却又先写宋江讨阎婆借，却又先写宋江舍棺材等。凡有若干文字，都非正文是也。

有极省法：如武松迎入阳谷县，恰遇武大也搬来，正好撞着；又如宋江琵琶亭吃鱼汤后，连日破腹等是也。

有欲合故纵法：如白龙庙前，李俊、二张、二童、二穆等救船已到，却写李逵重要杀入城去；还有村玄女庙中，赵能、赵得

都已出去，却有树根绊跌，士兵叫喊等，令人到临了又加倍吃吓是也。

有横云断山法：如两打祝家庄后，忽插出解珍、解宝争虎越狱事；又正打大名城时，忽插出截江鬼、抽襄鳅谋财倾命事等是也。只为文字太长了，便恐累坠，故从半腰间暂时闪出，以间隔之。

有莺胶续弦法：如燕青往梁山泊报信，路遇杨雄、石秀，彼此须互不相识。且由梁山泊到大名府，彼此既同取小径，又岂有止一小径之理？看他将顺手借如意子打鹊求卦，先斗出巧来，然后用一拳打倒石秀，逗出姓名来等是也。都是刻苦算得出来。

旧时《水浒传》，子弟读了，便晓得许多闲事。此本虽是点阅得粗略，子弟读了，便晓得许多文法；不惟晓得《水浒传》中有许多文法，他便将《国策》《史记》等书，中间但有若干文法，也都看得出来。旧时子弟读《国策》《史记》等书，都只看了闲事，煞是好笑。

《水浒传》到底只是小说，子弟极要看，及至看了时，却凭空使他胸中添了若干文法。

人家子弟只是胸中有了这些文法，他便《国策》《史记》等书都肯不释手看，《水浒传》有功于子弟不少。

旧时《水浒传》，贩夫皂隶都看；此本虽不曾增减一字，却是与小人没分之书，必要真正有锦绣心肠者，方解说道好。

（据《第五才子书施耐庵水浒传》卷三）